Padre Ezequiel Dal Pozzo

Eu
Mais
Feliz

Reflexões para o despertar de uma vida melhor

Dados Internacionais de Catalogação na Publicação (CIP)
(Câmara Brasileira do Livro, SP, Brasil)

Pozzo, Ezequiel Dal
Eu mais feliz : reflexões para o despertar de uma vida melhor / Padre Ezequiel Dal Pozzo. -- São Paulo : Paulinas, 2018. -- (Fonte de vida)

ISBN 978-85-356-4429-6

1. Alegria 2. Conduta de vida 3. Felicidade 4. Otimismo 5. Paz de espírito 6. Reflexões I. Título. II. Série.

18-17463   CDD-158.1

Índices para catálogo sistemático:
1. Felicidade : Mensagens : Psicologia aplicada   158.1
2. Otimismo : Mensagens : Psicologia aplicada   158.1

Iolanda Rodrigues Biode - Bibliotecária - CRB-8/10014

1ª edição – 2018
4ª reimpressão – 2023

Direção-geral: *Flávia Reginatto*
Editora responsável: *Andréia Schweitzer*
Copidesque: *Mônica Elaine G. S. da Costa*
Coordenação de revisão: *Marina Mendonça*
Revisão: *Ana Cecilia Mari*
Gerente de produção: *Felício Calegaro Neto*
Capa: *Regina Claudia Mazzochin*
Assessoria Padre Ezequiel
Projeto gráfico: *Tiago Filu*

Nenhuma parte desta obra poderá ser reproduzida ou transmitida por qualquer forma e/ou quaisquer meios (eletrônico ou mecânico, incluindo fotocópia e gravação) ou arquivada em qualquer sistema ou banco de dados sem permissão escrita da Editora. Direitos reservados.

Cadastre-se e receba nossas informações
www.paulinas.com.br
Telemarketing e SAC: 0800-7010081

Paulinas
Rua Dona Inácia Uchoa, 62
04110-020 – São Paulo – SP (Brasil)
(11) 2125-3500
editora@paulinas.com.br

© Pia Sociedade Filhas de São Paulo – São Paulo, 2018

Sumário

Introdução 7

Capítulo 1
Em busca da felicidade

O que é ser humano 11
Eu não sou acabado, estou em construção! 14
Impactados pelo estresse 17
Carências e as redes 20
A Internet e a "minha pátria" 23
Sou líder e não tenho amigos 26
O suicídio e a vida não partilhada 29
Convivendo com nossas deficiências 31
Encontro Deus a partir da minha realidade 34
Aceitar-me como sou e viver o presente 37
A dificuldade para escutar 40
O poder do silêncio 42
A força da palavra 45
Mudar ideias destruidoras por pensamentos
de confiança 47
Experiências geram mais felicidade
do que comprar coisas 50
A felicidade pode ser duradoura? 54

A felicidade como um instante 56
A felicidade como caminho interior 58
A saudade e a felicidade andam juntas 60

Capítulo 2
Respostas do amor

Como você vê a vida? 65
Quem são os culpados pelo meu fracasso? 67
Não adianta ficar lambendo as próprias feridas 71
Qual meu legado? 73
Saber lidar com o que nos acontece e ter atitude ... 75
O crescimento das coisas precisa de tempo 78
O mal que alguém me deseja pode me afetar? 80
O medo é a presença mais diabólica 83
O amor me deixa aberto à novidade do encontro ... 86
A intolerância revela que você não é grande 89
Viva com gratidão! 92
O amor tem diferenças? 94
O amor e o jeito de se relacionar 97
O desejo de amar e ser amado 99
O amor muda a vida 102

Capítulo 3
Deus, experiências e sentido

O que o move todos os dias? 107
A força que está dentro de nós 110
Quando a doença questiona a fé 113

Suicidou-se por esse motivo! Isso é razoável? 116
O que cura um coração machucado? 118
O valor que tenho independentemente da doença
ou da culpa 120
O ladrão da vida: a morte 123
Não há luz sem cruz 126
A religião proíbe o que é bom 129
Deus se interessa por nós: o que agrada a Deus? 131
Deus sabe dos meus sofrimentos,
mas espera para me dar a graça? 134
Deus ama e castiga? 138
É sensato ter medo de Deus? 141
O medo envenena e afasta de Deus 144
O que é central para a fé cristã? 147
Jesus que salva ou que ensina? 150
Jesus, o amor e a cruz 153
O amor nos faz viver 156
O que me ajuda a ser família? 159
O que é mais importante na vida? 162
Conclusão 165

Introdução

Um "eu" mais feliz é o anseio do coração. O ser humano tem a tarefa diária de encontrar realização. Seu alvo principal é a felicidade. Ainda que não seja algo refletido, ou mesmo deixando a vida funcionar no piloto automático, tudo o que fazemos se situa na dimensão da felicidade. Ninguém toma nenhuma decisão, executa uma atividade ou deseja fazer experiências que o afastem da felicidade. Quando digo: "Não estou bem", estou manifestando a inconformidade com a situação em que me encontro em relação à felicidade.

O desejo de que a vida seja boa, de nos sentirmos satisfeitos, de termos pessoas para amar e de sermos amados e compreendidos, de termos um bom trabalho e liberdade para fazer experiências positivas e edificantes, tudo isso depende, de alguma forma, do jeito como encaramos a vida. Depende da pessoa que somos, de como enfrentamos as situações, as perdas e os ganhos, de como lidamos com nossas ansiedades e emoções, com nossos relacionamentos; depende da nossa fé e da forma de compreendermos tudo o que acontece.

Este livro quer ajudá-lo a compreender de forma simples vários temas. Todos os textos refletem sobre aspectos da vida e da situação de nosso tempo.

Embora estejam reunidos por afinidade de assuntos, podem ser lidos separadamente e de forma aleatória. Existem pessoas que gostam de abrir um livro e ler o texto que se apresenta. Não será problema se fizerem isso. Também poderá ser lido um pouco por dia, deixando-o na cabeceira da cama ou carregá-lo na bolsa ou na pasta para aproveitá-lo em algum momento de folga que aparecer, entre as várias situações do dia. A intenção de cada reflexão é suscitar perguntas. As respostas não estão prontas. Elas estão dentro de cada um. Eu acredito que, a partir do texto, encontrará aí, dentro de você, muitas ideias e respostas que vão confortar sua vida, acalmar ansiedades, fazê-lo rever posicionamentos rígidos e ensiná-lo, acima de tudo, a amar a vida, a amar a si mesmo, a amar as pessoas. A felicidade está no amor, e não longe dele.

Se o amor faz a diferença na vida, ele também é uma decisão pessoal. Contudo, não conseguimos decidir por ele se mantivermos certas atitudes. O conhecimento da vida e da realidade, de nós mesmos e dos outros, da fé e de Deus precisa ser continuamente refeito. Não há avanço sem mudança. Não há aperfeiçoamento sem crises e dificuldades. O coração não se alarga para acolher mais amor, se a mente continuar sempre pensando as mesmas coisas. Por isso, quero ajudá-lo a decidir-se pelo melhor, a avançar e aperfeiçoar-se num caminho permanente de busca e de encontro com o melhor da vida, de encontro com a felicidade.

CAPÍTULO 1
EM BUSCA DA FELICIDADE

CAPÍTULO 1

EM BUSCA DA FELICIDADE

O que é ser humano

O que sabemos sobre a vida? A vida é uma arte que precisamos aprender. É uma tarefa sempre inacabada. Podemos desempenhar bem ou mal a tarefa de viver. Tenho dúvidas a respeito do quanto as pessoas sabem sobre a arte de viver e de gerenciar suas emoções. O que parece é que alguns apenas vivem, e em relativa mediocridade. Estão no básico, no superficial. Não se fazem as perguntas essenciais. Não buscam responder por que afinal estão neste mundo, nem compreender a complexidade das coisas e tampouco mergulhar na profundidade do mistério da vida, do ser humano e de Deus.

A vida, para que seja boa e verdadeira, deve ser assumida como tarefa permanente. Isso não é um peso. Ela deve se tornar leve mesmo quando pesada e difícil, tem de fluir, não sobrecarregar nem travar. Isso depende do nosso jeito de encará-la. Por que, para alguns, um pequeno problema é suficiente para sobrecarregar e deprimir, e, para outros, grandes problemas são desafios logo superados? Depende do modo como encaramos a realidade, de como lidamos com nossas emoções, de nossa personalidade e da forma de suportar a vida.

Eu preciso assumir a tarefa de construção de mim mesmo. Não posso delegar a outros essa tarefa. Eu mesmo sou artífice da minha vida, autor da minha história. Sou um ser inacabado. Estou sempre em construção até o instante final. Posso aprender tudo, fazer-me e refazer-me a cada momento. Nenhuma pessoa que assume a tarefa de ser sempre mais humana dirá "já fiz tudo", "sei tudo", "não preciso mais aprender". O fazer-se a cada instante envolve a humildade de ver sempre uma nova oportunidade de ser, de fazer melhor, de aprender com tudo, com o objetivo de sermos o melhor que podemos. E o melhor que podemos é ser humanos.

> *Humano é exatamente aquele que percebe a possibilidade de crescimento e humildemente reconhece que todos estão no mesmo caminho.*

O humano, embora digamos com frequência o refrão: "Somos humanos, por isso erramos", não possui sentido negativo. Isso porque, mesmo quando dizemos que o humano erra, estamos falando a verdade. O que seria se não errássemos? O que seríamos se não tivéssemos a possibilidade real de crescimento? Humano é exatamente aquele que percebe essa possibilidade de crescimento e humildemente reconhece que todos estão no mesmo caminho. Ninguém chegou ainda. Ninguém é perfeito. Estamos todos na trilha do fazer-se, construir-se, tornar-se mais humano. Quanto mais humano, mais compreensivo, tolerante, acolhedor e inclusivo serei.

Se olharmos para Jesus, veremos que ele, primeiramente, defende o humano. Ele olha e quer exaltar a característica comum a todos. Não se detém em rótulos, posição social, tipo de religião ou raça. Exatamente porque toca naquilo que é humano, toca e salva a todos. Se olharmos para a humanidade da pessoa e não para outras características, estamos olhando o mínimo indispensável, o que é comum a todos. Esse é o elemento básico que aproxima toda a humanidade e faz com que nos demos as mãos. O mínimo de humanidade é ver na pessoa sua grandeza e seu valor, independentemente de qualquer situação. Por isso, antes de tudo assumamos a tarefa de sermos humanos, e não outras coisas. O resto virá de acréscimo. O nosso valor inviolável está em nossa humanidade, que é imagem e semelhança do Criador.

Eu não sou acabado, estou em construção!

O ser humano se constrói um pouco por dia, todos os dias. Ninguém nasce pronto e nunca estaremos prontos. Vamos nos fazendo. Estamos abertos à construção. Os refrões "eu já fiz tudo", "eu já sei tudo" vão contra a própria dinâmica da vida. A vida está sempre aberta. Nunca estamos concluídos. Enquanto estamos vivos podemos crescer, ser melhores e mais humanos. Humanidade é crescimento e aperfeiçoamento.

Nascemos animais racionais. Isso basta para que sejamos humanos? Em princípio poderíamos dizer que sim. Um ser humano é diferente dos animais. Porém, sabemos que nossa humanização é tarefa. O animal será o que deve ser pelos instintos, ele não evolui. Só poderá ser adestrado.

O ser humano pode tornar-se o que deve ser somente no processo de crescimento, que é tarefa sua. No seu ambiente de vida, nos relacionamentos, na abertura infinita ao novo e na aprendizagem, pode tornar-se grande. Se não fizer isso, a pessoa poderá ser pouco humana. Poderá ser selvagem e perigosa. Se não assumir sua tarefa de humanizar-se, poderá agir mais pelos impulsos das emoções e instintos do que pela razão e reflexão.

Isso mostra que não somos acabados. O que somos por natureza, isto é, animais racionais, não é suficiente para garantir nossa socialização. A socialização acontece pela aprendizagem, pela convivência, pelos relacionamentos. Os relacionamentos definem a nossa qualidade de vida. Pessoas que não aprendem a se relacionar não vivem bem e não deixam viver. São as pessoas difíceis, que não crescem. Estão pouco dispostas a aprender e, por isso, não se humanizam.

Ter em mente que somos seres inacabados é condição para a humanização. Se eu sair da minha casa de manhã cedo e disser para mim mesmo "hoje eu posso aprender e ensinar", isso me ajudará a crescer. Todos podem aprender e ensinar. Não sei tudo sobre a vida, mas também não sou um inútil. Minha vida está aberta. Recebo dos outros e também posso dar. Assumir essa ideia em mim me fará bem. Há pessoas que pensam que só podem ensinar e outras que pensam que não conseguem ensinar nada. Têm baixa autoestima e uma ideia negativa de si mesmas. Ter uma ideia muito ideal de si mesmo, pensando que só se tem a ensinar, não faz bem. E o contrário também não é verdadeiro, isto é, pensar que só se tem a aprender e nada para ensinar.

A vida é uma permanente troca. Isso é o que faz a vida ser bonita. Essa compreensão me tornará melhor para acolher a realidade da própria vida e da diversidade. O mundo dinâmico e plural exige mente aberta. Quem sabe tudo sobre determinado assunto? Mesmo que saiba muito, nunca saberá tudo. Sendo assim, será sempre possível aprender mais. Saber mais. Numa perspectiva aberta isso me tornará melhor. Como a vida é muito ampla, a compreensão daquilo que nos envolve é abrangente e complexa. Se em tudo eu não me fechar em apenas uma ideia que possuo, poderei sempre aprender. Se eu for *expert* em um assunto, poderei estar aberto para outro. Isso me torna sábio e vai me construindo como ser humano.

> *Eu mesmo sou artífice da minha vida, autor da minha história. Sou um ser inacabado. Estou sempre em construção até o instante final.*

Muitas pessoas têm dificuldade de perceber a amplitude da realidade. Fecham-se em poucas ideias. Parece que sabem tudo. É no mínimo difícil conviver com pessoas assim. O contrário parece não existir para elas. Isso mostra que são completas, acabadas, por isso, fechadas. O fechamento paralisa. Não há espaço para o avanço, para o novo. Ali não há crescimento. Que triste quando isso acontece. É a morte do humano e de sua humanização.

Somos inacabados. Somos incompletos. Não sabemos tudo. Podemos crescer. Isso é assumir a tarefa de humanizar-se. E essa tarefa é minha. É de cada um. Não posso passá-la a outros.

Impactados pelo estresse

A vida nos coloca num ritmo frenético e estressante. Ficamos tão acostumados com ele que temos dificuldade de parar, tirar férias, não utilizar o celular, afastar-nos das redes sociais. Muitas pessoas ficam emocionalmente perturbadas e angustiadas com esse ritmo. São comuns os transtornos ligados a ansiedade, medo, ciúme, ruminação de experiências estressantes e traumáticas e, por consequência, o esgotamento e as doenças. Segundo estudos da psicologia e da mente, estamos adoecendo coletivamente e não estamos nos dando conta disso. Muitas pessoas estão construindo uma bomba para sua saúde emocional. Adolescentes e adultos, no mundo todo, sofrem da síndrome do pensamento acelerado. O turbilhão de informações, de estímulos para o pensamento, é tão grande que não conseguimos mais descansar, acalmar o pensamento. São tantas as informações, que elas nos vêm como um "enxame de abelhas". Torna-se difícil defender-se porque são muitas e chegam ao mesmo tempo.

Crianças já demonstram transtorno de sono. Acordam cansadas. Ficam horas e horas no celular, sem nenhuma restrição. Adolescentes e jovens já não se viciam somente em drogas, mas em celular e em redes sociais. Ficar um dia sem acessá-los pode criar uma crise de ansiedade. Adultos sofrem por antecipação e ruminam mágoas e vivências negativas que os impedem de contemplar o belo e demonstrar alegria.

Aprender a ter autocontrole é urgente e fundamental. O único momento que temos para viver, e viver com qualidade, é o presente. Não podemos carregar todas as mágoas do passado nem sofrer por antecipação pelo futuro. É possível ter uma mente livre, uma emoção equilibrada e sermos felizes.

O pior escravo não é aquele que está algemado por alguém, mas aquele que está internamente preso pelas algemas das próprias emoções e dos pensamentos traumáticos. A maior pobreza não é a da ausência do pão, mas a do coração e da mente que mendigam o pão da alegria, mesmo morando em luxuosas casas.

> *O único momento que temos para viver,*
> *e viver com qualidade, é o presente.*

Diante disso, é preciso se perguntar: você é dominado por uma mente agitada e estressante? O que faz com seus pensamentos perturbadores? Fica remoendo mágoas ou culpas? Preocupa-se demais com aquilo que os outros pensam de você, com os fantasmas de suas emoções, fobias e ciúme? Não consegue parar, desligar-se das redes, do celular, acalmar o pensamento e dormir tranquilamente? Se respondeu afirmativamente a essas perguntas, você pode estar esquecendo-se de si. Se abandonar a si mesmo pelo caminho, não conseguirá controlar o estresse e reencontrar o equilíbrio emocional.

Carências e as redes

Todo ser humano é um pouco carente. Faz parte da nossa condição nos sentirmos insuficientes ou não estarmos totalmente satisfeitos com aquilo que somos e temos. Somos habitados pelo desejo de algo mais. A carência precisa ser percebida por nós, de tal modo a não pensarmos que é isso ou aquilo que vai eliminá-la. Nunca a eliminamos por completo. Precisamos aprender a lidar com ela, pois faz parte daquilo que o ser humano é.

Ocorre que muitas vezes a carência é tão forte que mexe com toda a pessoa e a persegue continuamente. Isso se percebe muito. Pessoas profundamente carentes, insatisfeitas, estão à procura de migalhas de amor, de aprovação e de aceitação. O nosso tempo que possibilita, como nunca antes, contato com tantas pessoas produz seres humanos altamente carentes. Apesar de muitos e dos mais diversos contatos, nos sentimos sozinhos. Tudo é líquido. Os relacionamentos não são consistentes nem conseguem dar conta das carências. Precisamos sempre de alguém, de uma conversa, de uma aprovação ou de uma mensagem para nos dizer quem somos.

Considero que esse sentimento manifesta o início de uma doença: da solidão, da insuficiência aguda.

A pessoa tem relacionamentos, convive, trabalha, encontra gente, mas se sente só. E pior, não tem habilidade nenhuma para trabalhar essa sua solidão.

> *Precisamos aprender a lidar com a carência, pois faz parte daquilo que o ser humano é.*

Vejo muito isso nas redes sociais. Pessoas que têm necessidade de comentar sempre os mesmos personagens, dar sua opinião ou manifestar seu ponto de vista no WhatsApp, nos grupos ou individualmente, mais revelam carências do que constroem relacionamentos. Se você sempre responde a alguém nos *posts* do Facebook, provavelmente, tem mais necessidade de ser notado do que simplesmente valoriza o que o outro escreveu. Não vejo a mesma coisa, por exemplo, em quem curte ou compartilha. Curtir ainda é algo mais discreto, estou entre outros tantos, e compartilhar manifesta aquilo que acredito ou penso. Não compartilho, por exemplo, para ser notado. O que manifesta mais minhas carências é a necessidade de falar, de expressar aquilo que sinto e penso o tempo todo, não conseguindo conter em mim aquela "reserva de conteúdo" que é só minha, que, mesmo às vezes dolorida, não preciso falar a ninguém. Falar sempre, escrever sempre, manifestar minha opinião aos mesmos personagens, podem ser eles padres, palestrantes, artistas, políticos, rádio, jornal, marca, instituição ou organização, normalmente, mais manifesta carência do que serenidade e maturidade. Esse comportamento beira à doença. Pessoas com esses comportamentos querem receber uma "migalha de resposta" que lhes diga que não estão sozinhas.

Tenho convicção de que esse comportamento não é solução para as carências. Deveriam olhar para dentro de si mesmas, sofrer essas carências, mas encontrar as respostas lá dentro, no contato profundo consigo mesmas e com Deus. A partir disso, cada um pode avaliar o próprio comportamento.

A Internet e a "minha pátria"

A palavra "pátria", a "minha pátria", evoca um sentimento de segurança e de pertença. Quando expressamos o termo "pátria", não só queremos nos referir ao nosso país mas a uma realidade mais próxima, ao nosso "ambiente de vida", onde nos sentimos bem, nos sentimos "em casa", acolhidos e amparados. Refere-se também ao lugar onde nascemos, onde crescemos. Ali estão nossas raízes. Ali nos desperta uma carga emocional grande, porque nos sentimos amados. Ao lembrar, recuperamos as lembranças e experiências que nos construíram e que estão guardadas na memória. As lembranças despertam uma saudade verdadeira.

A pátria ou o "ambiente de vida", que para muitos lembra o "vilarejo", a "comunidade paroquial", o encontro com os amigos, o jogo de bola, as criatividades que criavam entretenimento, a conversa gratuita que fazia os jovens se sentirem ligados e amigos, que fazia nos sentirmos pertencer, nos últimos tempos mudou. Na atualidade a Internet mudou o cenário. Os jovens e adolescentes, especialmente, vivem conectados. Uma frase que traduz a intensidade dessa conexão é: "Estou *on-line*, logo, eu sou". Ou seja, o fato de estar se comunicando pela Internet e pelas redes sociais é o que dá aos jovens o sentido de pertença. Ficar sem a Internet seria o mesmo que "ser anônimo", "não ser conhecido e reconhecido"; de certa forma, seria "uma experiência de nulidade e de morte". Ali os jovens e adolescentes "criam o seu mundo", além do qual é difícil, muitas vezes, criar novos relacionamentos. A sua identidade se constrói a partir desse espaço e desses relacionamentos. Os jovens querem ser felizes. Para isso, precisam se sentir amados, aceitos e acolhidos. A Internet dá a possibilidade de encontrar "pessoas afins", "gente que pensa parecido comigo e que tem o meu jeito". Isso, de certa forma, é positivo, porque cria vínculos, conhecimentos e reconhecimentos. Um dos limites, porém, está na intensidade dos vínculos. Quão fortes e consistentes serão? Até quando se manterão virtualmente? O que é preciso fazer para que se fortaleçam e tenham, de fato, "rosto e proximidade"?

É claro que a Internet veio para ficar. Não haverá nem queremos retrocesso. O importante é observar se, em nossas conexões, não fugimos de "nossos ambientes de vida" próximos. Meus amigos estão sempre do outro lado e não "aqui", onde eu posso falar e olhar, tocar e abraçar. A pessoa altamente conectada às redes sociais corre o risco de perder oportunidades de relacionar-se com quem está na sua frente, de ouvir e contar histórias, de partilhar experiências e emoções, de sentir a realidade que o toca no momento em que a está vivendo. Quem está "o tempo todo" conectado poderá viver essa duplicidade de ambiente:

o "ambiente em que está situado com seu corpo" e o "ambiente em que está conectado virtualmente". É claro que nos dois ambientes há vida. Isso não se pode negar. Porém, existe uma intensidade diferente em cada realidade e ambiente.

> *A Internet veio para ficar. Não haverá nem queremos retrocesso. O importante é observar se, em nossas conexões, não fugimos de "nossos ambientes de vida" próximos.*

O que se pode perguntar, relacionando a ideia de "pátria" e os "novos relacionamentos" a partir da Internet, é o seguinte: será que as memórias de quem experimentou a vida nos "relacionamentos concretos" serão as mesmas de quem viveu os "relacionamentos virtuais"? Que experiências partilhará quem passa grande parte do seu tempo na Internet, com relacionamentos virtuais? Será a Internet o lugar de se "sentir em casa", acolhido e amparado, compreendido e aceito? Que histórias irei contar a quem vier depois de mim?

Sou líder e não tenho amigos

Escrevo sobre este assunto no momento em que acabo de ler um artigo sobre a depressão e o suicídio de líderes, especialmente, pastores de igrejas que têm acesso a muitas pessoas, mas não têm amigos. Não se sentem amados e não têm com quem compartilhar a vida. Nas conversas e reuniões com seus liderados, fazem tudo para justificar seu comportamento e exaltar seus êxitos. Mas, quando estão sozinhos, amargam a ausência de amigos, a falta de sentido em seu exercício de liderança, entrando em estados depressivos e angustiantes.

Esse cenário questiona nosso exercício de liderança e a qualidade de nossos relacionamentos. Muitas pessoas têm posição social de destaque, lideram, são reconhecidas por suas funções, mas no fundo não possuem vínculos de amizade e amor. Vivem a vida de modo funcional. Tudo funciona, mas falta o gosto e o sabor da vida. Parecem máquinas. Fazem muita coisa, são eficientes e produzem, mas não têm sentimentos nem se envolvem com a realidade e as pessoas. Cumprem com excelência a tarefa para a qual estão programadas e não percebem a dimensão ampla da vida de que estão descuidando.

Em médio e longo prazo essa postura pode fazer a pessoa entrar em colapso. Isso pode manifestar-se sob a forma de doença, mas também fazer com que a pessoa viva suportando a vida vazia e a falta de sentido. Acostuma-se nesse sistema de vida. Vive para trabalhar e executar funções. Ocupa-se o tempo todo, porque, se folgar, vai sentir o tédio da ausência de amigos e de não ter o que fazer. Não consegue desfrutar momentos de gratuidade e de silêncio em que possa entrar em contato consigo mesma. O contato com sua interioridade a faria despertar para a vida, mas disso ela esqueceu-se ou tende a fugir.

> *Somente quem perguntar a si mesmo sobre sua missão neste mundo e o que quer realmente deixar para as pessoas, poderá mudar o rumo de sua vida e seu jeito de viver.*

Quem está vivendo nesse ritmo e experimenta a angústia da solidão, muito embora conviva e encontre muitas pessoas, precisa parar e rever suas opções. Somente quem perguntar a si mesmo sobre sua missão neste mundo e o que quer realmente deixar para as pessoas, poderá mudar o rumo de sua vida e seu jeito de viver. As perguntas ajudarão a avançar em nova direção, criando vínculos mais do que simplesmente cumprindo funções.

O sentido da vida passa por experiências de encontro com as pessoas, vínculos de amizade, momentos de presença gratuita, onde não sou notado por ser um líder importante, mas simplesmente por ser eu mesmo.

O suicídio e a vida não partilhada

O estudante de Direito de 23 anos entra no quarto da mãe, na madrugada, e exclama: "Sinto um aperto no peito, uma coisa muito estranha". A mãe havia marcado várias vezes psiquiatra para o filho e ele não fora. Seu histórico sugeria indícios de depressão. "Ele tinha vergonha de falar o que estava sentindo", diz a mãe. O vendedor pergunta a ela onde está o "alemão" que comprava balinhas quase todo dia perto de casa. A mãe, sem coragem, diz: "O alemão está longe, viajando". Não consegue dizer que havia se suicidado.

A pergunta que surge é: por que os jovens decidem acabar com a própria vida num momento em que ela pode ser tão exuberante? Não conseguiremos responder em poucas linhas. Mas a pergunta nos desafia à atenção e ao cuidado com a vida que vivemos. A sociedade não vai bem. Não estamos acertando o caminho. Há sinais claros que indicam necessidade de mudança.

A empresária Carla, de 25 anos, já tentou o suicídio. Foi quando tirou pela primeira vez, na adolescência, nota baixa em matemática. "Não queria ser mais um problema para os meus pais", comenta. Seu alto nível de exigência, fortalecido pela atitude dos pais, fez a moça ter uma imagem distorcida de si mesma. Pensou que precisava ser perfeita e percebeu que não era, mas naquele momento não teve capacidade de lidar com isso. Ameaçou a própria vida. Mais tarde, conseguiu abrir o jogo e partilhar com a família o peso da tentativa de suicídio que carregou sozinha por um bom tempo. Daquele episódio, guarda no braço esquerdo a tatuagem "Happiness is only real when shared" – "A felicidade só é real quando compartilhada".

> *A vida é feliz quando partilhada.*

Talvez nessa tatuagem esteja o significado que aponta para um horizonte de sentido. A vida é feliz quando partilhada. Compartilhar sentimentos, frustrações, feridas, problemas, mágoas e fracassos torna a vida mais leve. Ninguém consegue suportar todo o peso da vida sozinho. A vida e a felicidade não acontecem na perfeição. Somos imperfeitos e precisamos aceitar essa imperfeição. Somos uma construção em processo, estamos a caminho. E no caminho, você já sabe, não há somente rosas e belezas.

Convivendo com nossas deficiências

O ser humano possui um desejo grande de ter o domínio completo sobre a própria vida. Se pudéssemos controlar nossos níveis de alegria, nossa disposição para a vida, nossa saúde, seria ótimo. Ocorre que precisamos lidar com a deficiência que nos habita. Somos carentes, não estamos completos, não controlamos tudo. Existe uma falta em nós alimentada por um desejo de plenitude. Essa "coisa que falta" nos faz experimentar algo negativo. Preferíamos não ter essa "falta".

A experiência religiosa, de certa forma, lida com essa falta. Quando pensamos em Deus, percebemos que ele é uma realidade que está presente e ao mesmo tempo ausente. Está ali, mas está além. É o invisível, o não controlável. Ele ultrapassa todo pensar e todo compreender. Assim, pela religião me uno a uma experiência que abrange o todo da vida, que está além do visível e do controlável. A religião me possibilita trabalhar com a carência que me habita, com a deficiência, com essa falta de alguma coisa. Mas a experiência religiosa é capaz de eliminar essa falta? Não. Ela não a elimina, mas a acomoda, acalma ou possibilita que convivamos com ela. A experiência religiosa nos diz que eu não tenho controle sobre tudo. Não consigo conduzir a vida e a realidade com as minhas mãos. Somente temos em parte o controle. Por exemplo, posso cuidar da minha saúde me alimentando de forma correta, fazendo exercícios, tendo autocontrole nas emoções, mas isso não consegue determinar o tempo de duração da minha vida nem o nível desejado de minha alegria.

É preciso acolher e entregar nossa realidade ao amor de Deus, à vida, às pessoas, ao bem, à verdade. Só assim iremos acomodando melhor nossas faltas, nossas deficiências.

Mas então é Deus quem está no controle de tudo? Também não gosto dessa expressão. Ela não condiz com a liberdade do amor de Deus e a liberdade da própria criação. O que temos que perceber é que a "deficiência", a "falta de algo" é própria do limite, da finitude que está em nós. Não somos infinitos, não somos ilimitados. Precisamos acolher nossa realidade sem nos rebelarmos contra ela. Não se rebelar, mas acolher e entregar. Entregar a quem? Entregar a Deus, que sabemos que nos ama. Quem faz isso compreende o que é religião, fé e espiritualidade. Santa Teresa d'Ávila ousou dizer: "Só Deus basta". Claro que a experiência de entrega a Deus, quando vai amadurecendo, um dia depois do outro, dá ao coração uma sensação de paz muito profunda. Parece que ali não falta nada, temos tudo. Mas isso é um caminho, não acontece de uma hora para outra nem em algum momento de entrega. Como aquele que pouco procura a Deus e numa só vez quer encontrar tudo. Não acredito nisso! Por isso o convido a ir fazendo a "experiência de entrega" diariamente. Entrega ao amor de Deus, à vida, às pessoas, ao bem, à verdade. Só assim iremos acomodando melhor nossas faltas, nossas deficiências.

Encontro Deus a partir da minha realidade

Eu encontro Deus ou ele me encontra? Nesse caminho há sempre duas vias. O ser humano que sai em busca e Deus que vem ao encontro. É um movimento de duas liberdades. Da parte de Deus sempre há desejo de encontro, mas o ser humano pode se fechar. Por isso, é possível dizer que a iniciativa do encontro é sempre de Deus, que coloca em todos os corações humanos o desejo de encontrá-lo. Nos dias de hoje, muitas pessoas esqueceram Deus e já não desejam encontrá-lo. Diz isso o teólogo e bispo italiano Bruno Forte, que afirma que o problema de hoje não é as pessoas esquecerem Deus, mas que muitos esqueceram Deus e não se preocupam mais com esse esquecimento. Contudo, Deus continua querendo encontrar todos os seres humanos. Ele não desiste de buscar os homens e as mulheres.

O encontro com Deus pressupõe, porém, sempre encontro consigo mesmo. Precisamos perceber que a história, as pessoas, os relacionamentos, as decisões nos marcam positiva ou negativamente. Se marcam positivamente, encontramos alegria e satisfação pela memória desses acontecimentos, e cada retorno a essas memórias é fonte de energia e superação. A apresentação benfeita na escola, a formatura, o encontro com a pessoa amada, o casamento, a viagem, o início da empresa, as vitórias, as superações, são exemplos de memórias positivas. Contudo, se marcam negativamente, forma-se uma ferida que pode permanecer na vida por muito tempo. Se eu encarar essa ferida como minha, ocupar-me dela, buscar saber os motivos que a formaram, olhá-la com amor, então poderei perceber que essa ferida me tornou mais humano e sem ela não seria quem sou. Criei em torno da minha ferida um pensamento de cura. Reeditei memórias negativas, elaborando pensamentos de vitória a partir dos fracassos. Muitas pessoas tentam esconder ou negar essa ferida e, por isso, vivem com medo, com irritação e agressividade, ou ainda se tornam apáticas diante da vida. Quando a vida se apresenta difícil e as feridas que foram sendo construídas em nossa história continuam a doer e não as encaramos para curá-las, não há encontro com nós mesmos e, muito menos, com Deus.

> *Quando nos apresentamos a Deus na humildade e com nossos lados sombrios, podemos fazer um encontro verdadeiro e restaurador com seu amor.*

Quase sempre pensamos que para encontrar Deus precisamos estar limpos diante dele. Que precisamos viver uma impecabilidade absoluta e só assim seremos dignos de Deus. Essa compreensão é ideal e não condiz com a realidade humana. Somos pecadores e limitados. Há sempre em nós o lado sombrio, feio, débil, que normalmente queremos esconder dos outros, de nós mesmos e de Deus. Ocorre que é exatamente ali, onde nos sentimos mergulhados na lama, o lugar do nosso encontro com Deus. Quando nos apresentamos a ele na humildade e com nossos lados sombrios, podemos fazer um encontro verdadeiro e restaurador com seu amor. Aquilo que era feio e débil é então o que nos torna fortes e serenos pela acolhida da graça que nos alcançou. Por isso, encontrar Deus é sempre se encontrar consigo mesmo. Lá onde eu não queria encontrar-me comigo mesmo, lá onde estava a minha fraqueza e minha sombra, Deus me encontrou. Deixei-me encontrar e percebi que sou o que sou diante dele. Eu sempre filho e ele sempre Senhor.

Aceitar-me como sou e viver o presente

Assumir papéis é falsear minha própria verdade. As pessoas passam a ser o que são em tensão com aquilo que precisam parecer ser. Muitos lidam bem com essa tensão. Quem decide ser o que é se torna livre interiormente. Outros tendem a ser aquilo que não são e estão sempre em busca de algo que dificilmente vão encontrar. Decidir ser o que não se é deve ser muito angustiante. A pessoa sente-se pressionada o tempo todo a demonstrar com aparências o que ela de fato não é. Os parâmetros são sempre os outros e aquilo que ainda não conseguiu alcançar.

Fala-se do "mundo das aparências". Isso deixa as pessoas interiormente divididas. Estão sempre perseguindo um desejo que as deixa insatisfeitas. Nem sempre a pessoa percebe isso, mas sente uma angústia permanente por pensar que sua felicidade está lá na frente, no outro lado. Pensa ser necessário ter outro emprego, outra casa, outro carro, mais dinheiro etc. A situação em que está e o que está vivendo simplesmente não satisfazem. Pensa que, quando for diferente, será feliz; quando pagar todas as contas, quando concluir o curso, quando encontrar aquela pessoa para amar, quando conseguir atingir aquela posição social ou quando vencer aquela dificuldade, então sim será feliz.

> *Administrar as faltas permanentes é manter aberta a porta da transcendência.*

Colocar a felicidade sempre no futuro é um perigo. Os dias podem passar sem que se sinta sabor naquilo que se vive e experimenta. Certo é que estamos sempre em busca. Nunca estamos plenamente satisfeitos com a realidade. Queremos mais. Não posso parar e me acomodar com as mesmas coisas sem querer mais, sem me determinar com novas e criativas atitudes. Precisamos alimentar os sonhos. Não dá para parar. Mas, ao mesmo tempo, precisamos sentir que o presente tem sabor. Não posso viver na angústia de buscar um sentido em algo que está longe e não me alegrar com o presente. As pessoas que encontro, a vida e as paisagens que contemplo, o trabalho que faço, a conversa que escuto, o ritual que celebro, a mão que estendo, tudo isso precisa proporcionar-me alegria e me deixar motivado. É encontrando sabor em tudo que posso caminhar na busca de encontrar mais. Assim a vida, com tudo o que ela envolve, inclusive os sofrimentos, me dá motivos para que eu possa dizer: sou feliz.

Para que isso seja possível, preciso aceitar a condição de fragilidade que sempre carrego comigo. Não somos perfeitos. Precisamos aceitar nossos limites e carências. Não posso pensar que preciso estar sempre pleno, como se não me pudesse faltar nada. Administrar as faltas permanentes é manter aberta a porta da transcendência. Porque somos frágeis e carentes e ao mesmo tempo habitados pelo infinito, desejosos do infinito, é que a "porta do mais" está sempre aberta. Queremos mais, estamos sempre insatisfeitos. Algo parece sempre nos faltar. Há dentro de nós como que um "espaço" para preencher e um impulso que nos joga para a frente, nos fazendo querer mais, esperar mais. Esse "espaço" aberto pode tentar ser preenchido com coisas, o que nos levará para o engano, ou poderá ser o espaço de Deus em nossa vida.

A dificuldade para escutar

O barulho e os ruídos fazem parte da nossa rotina. Todos querem dizer sua palavra, mas poucos sabem escutar. Deparamo-nos constantemente com um turbilhão de informações que, ao invés de acalmar o coração e trazer paz interior, deixa-nos agitados. O pensamento fica acelerado e não descansa. As redes sociais, os vários meios de comunicação, o trabalho, as preocupações, as milhares de informações e de sinais colocam nosso pensamento em contínuo funcionamento.

No que isso colabora para minha realização? Que palavras eu tenho ouvido ou gosto de ouvir? Que palavras tenho falado? O que leio? Não tenho dúvida de que as respostas a essas perguntas estão relacionadas com o sentido da minha vida. Eu posso lhe dizer que gosto de escutar as pessoas, porque ali compreendo o que se passa no coração humano. Posso conhecer a pessoa pelas atitudes, mas a compreenderei de verdade quando a escutar. E que escuta preciso fazer?

A escuta e a compreensão da palavra do outro não são coisas simples. Muitas vezes as pessoas analisam o que escutam do outro a partir de compreensões superficiais. Para compreender o outro e acolhê-lo, preciso entender o que é o ser humano.

Isso aprenderei com a vida, mas não só. Aprendo com a escuta atenta, com a palestra, com o interesse pelas experiências dos outros, com um bom livro, com músicas agradáveis, com mestres que ajudam a compreender a vida e a encontrar seu sentido profundo. Aprendo com experiências de vitórias e de perdas partilhadas e escutadas. Aprendo quando sei escutar a palavra. Quem não escuta a palavra vive uma vida superficial e sem sabor. É como a flor que era para ser bonita, mas murchou por falta de água.

> *Seja ouvinte da boa palavra. Dela sempre brotará um sentido novo para a vida.*

A vida passa pela escuta da palavra. Não há outra forma. Tenho escutado pessoas que se isolaram do mundo e dos outros. Foram secando interiormente. A fonte da felicidade secou. Estão tristes e sem rumo. Por isso, o que eu desejo para você hoje: seja ouvinte da boa palavra. Dela sempre brotará um sentido novo para a vida.

O poder do silêncio

Barulho, ruídos, sons de todo tipo poluem nossos ambientes. Dificilmente em meio às grandes cidades temos tempo e condições para o silêncio. A correria do trabalho afeta toda a nossa vida. Também nossa interioridade é afetada pela ausência de silêncio. Ele tem a capacidade de nos colocar em contato com nossa alma. Na alma encontro a verdade de quem sou e de quem posso tornar-me. Muitas pessoas ficam longe de si mesmas devido à falta de silêncio interior. Vivem num turbilhão de ideias, preocupações e ocupações. Sua mente não está límpida. Está poluída por tudo. Silenciar é trazer a mente ao nosso controle. Os pensamentos se unificam em torno de nosso interior. Ali sinto que estou em casa, seguro em meu controle. Os pensamentos vão se unindo em torno de uma única ideia. Até mesmo se unem em torno de ideia nenhuma. Isso esvazia o pensamento. A poluição já não me habita. As muitas ideias que me levam longe de mim, longe de casa, longe do contato com a minha alma perdem a força. Já não existem. Agora estou em torno de uma única ideia. Isso me liga ao essencial.

Atualmente as pessoas são jogadas para lá e para cá pela força dos muitos pensamentos. Estão em contato com muitas e diferentes realidades, cada qual exigindo sua dose de energia. Gastam sua energia e muitas vezes ficam esgotadas. Eu preciso perceber quando estou enredado nesse turbilhão de coisas. Devo me perguntar aonde me leva tudo isso. Se minha vida precisa passar por todas essas atividades, posso encontrar tempo para, no silêncio, esvaziar o pensamento. Será difícil ter qualidade de vida com os pensamentos sempre a mil por hora.

A rapidez das informações e sua múltipla diversidade podem poluir a mente e fazer o coração perder a tranquilidade. Há pessoas que se perdem nesse cenário e já não conseguem ter foco. Diante disso se perde a noção do que é mesmo importante. Dá para questionar o que me acrescentam, como ser humano, tantas informações? O que elas ajudam em minha qualidade de vida? Preciso de todas essas informações? Elas me tornam realmente melhor? Algumas pessoas compreendem que não podem ficar desconectadas. Essa compreensão existe. Mas o que ela traz? Seria bom pensar também em quantas informações recebo ou acesso que não me acrescentam nada. Não acrescentam nada à minha humanidade e não serão compartilhadas com ninguém em nenhum momento da vida. Simplesmente ocuparam meu tempo e pensamento.

Existe hoje aquilo que Augusto Cury chama de "síndrome do pensamento acelerado". Significa ocupar o pensamento o tempo todo sem descanso. Estar sempre mergulhado no turbilhão das ideias. Meu pensamento é bombardeado por todos os lados pelas informações que vêm de fora, pelas minhas preocupações com a realidade que me envolve e com as moções interiores que nem sempre conheço bem. Tudo me afeta. Compõe o conjunto de minhas reflexões e ideias. Por vezes, isso se apresenta como um rolo compressor que esmaga. Fico irrequieto e não percebo o porquê. Isso pode ser uma bomba para a saúde. Pensar é bom, mas pensar demais pode fazer mal.

> *Na alma encontro a verdade de quem sou*
> *e de quem posso tornar-me.*

Perceber que isso pode estar acontecendo é o primeiro passo para a mudança. Ao nos darmos conta de que podemos estar mergulhados nesse turbilhão que nos engole, o exercício de parar, fazer silêncio, ajuda muito. Mas é um exercício. Preciso aprender a praticá-lo. Treinar e habituar-me a silenciar. Encontrar no meu dia momentos em que eu possa estar comigo mesmo. Unificar meus pensamentos em torno da minha interioridade. Reduzir os pensamentos ao vazio que me conecta com a alma. Ali me sinto inteiro. Ali os pensamentos não me jogam por todos os lados, sem direção.

A força da palavra

O que faz realmente o ser humano feliz? Uma pessoa pode ter aparentemente tudo, mas terá pouca alegria se não for atingida pela palavra. É a palavra que constrói o ser humano. É a palavra que nos faz compreender o que somos. É através dela que, desde cedo, aprendemos o que é certo e errado, o que devemos seguir ou não para sermos felizes.

Somos resultado da palavra desde o ventre materno. Acolhemos as manifestações de amor ou agressividade de nossos pais desde o princípio. Na escola, nos relacionamentos, com amigos, na empresa, a construção da vida passa pela mediação da palavra. E as atitudes? Não somos formados também pelas atitudes que presenciamos e pelas nossas próprias atitudes? Sim, isso é verdade. Mas as atitudes expressam um jeito de compreender a vida. As atitudes também são comunicação. Elas expressam o que somos. E o que somos é o resultado das muitas palavras que ouvimos, de atitudes que presenciamos, experiências que nos tocaram e foram nos formando.

Ainda, o que somos é resultado daquilo que fizemos por nós mesmos e daquilo que outros fizeram por nós. Por isso, a palavra que ouvimos e as atitudes que presenciamos formam nosso jeito de compreender a vida e de viver a vida. Normalmente, a pessoa não vive uma vida diferente daquilo que aprendeu. Alguém pode até dizer: "Mas eu ensinei diferente para esse meu filho". Mas o que garante que aquilo que você quis ensinar ele de fato aprendeu? Vai perceber somente observando a vida que ele vive. Por isso, dá para dizer que a vida se constrói pela mediação da palavra. E mais, a vida feliz acontece pela força da palavra boa, palavra de sentido, que eu recebo. Não há sentido para a vida sem o alimento da comunicação, isto é, da boa comunicação. Da comunicação que fala a verdade e expressa a verdade que o ser humano é. Não basta falar a verdade. É preciso buscar a verdade daquilo que o ser humano é. E aqui não há respostas prontas e acabadas. Precisamos estar sempre na busca, no empenho, para compreender melhor o mundo e o ser humano. E nessa busca compreenderemos também o sentido de Deus para a vida. Isso passa por aquilo que ouvimos, falamos e lemos. Que palavras você costuma ouvir no seu trabalho, com seus amigos, nos seus ambientes de vivência? Que tipo de palavras sai de sua boca?

> *A palavra que ouvimos e as atitudes que presenciamos formam nosso jeito de compreender a vida e de viver a vida.*

Mudar ideias destruidoras por pensamentos de confiança

Todas as pessoas querem ser felizes. Nós não queremos o sofrimento. Experimentamos a dor, mas queremos sair dela o mais rápido possível. A questão é que nem sempre conseguimos isso rapidamente. Não existe uma varinha mágica para transformar aflição em felicidade. O que podemos é expandir nossa mente, ampliar nossas boas atitudes, buscar ajudar os outros para que, assim, o sofrimento seja mais leve. No Cristianismo aprendemos que o sofrimento precisa ser suportado, carregado. Jesus carrega a cruz do sofrimento e nisso mostra sua solidariedade contínua com nosso sofrimento. No Budismo, a compaixão é definida como o desejo de que todos os seres se libertem do sofrimento.

Se todos temos o desejo de felicidade e não queremos sofrer, todos também temos potencial idêntico de desenvolver a paz interior. Independentemente de sermos ricos ou pobres, brancos ou negros, instruídos ou incultos, temos potencial mental e emocional para alcançarmos a paz e a alegria. Embora sejamos diferentes fisicamente, temos semelhança mental e emocional. Temos emoções positivas e emoções perturbadoras. As positivas nos trazem força interior; as perturbadoras diminuem nossa energia e mexem com nossa confiança. Se ficarmos fixados nas emoções perturbadoras, então perdemos facilmente a paz. Certo é que não há milagres para encontrarmos esse equilíbrio. Para o Cristianismo a fé é um elemento importante para a superação dos problemas, das emoções perturbadoras. Diante da dificuldade, entregamos a Deus nossa vida, vamos fazendo tudo aquilo que podemos, mas continuamos em pé. Não ficamos só sustentados em nós mesmos. O peso não está somente sobre nossos ombros. Podemos entregar a Deus o peso, dividir com ele o fardo, que fica mais leve, mais suportável. O Budismo, por exemplo, ensina a treinar a mente para aliviar o sofrimento. O treino da mente transforma as percepções mentais e as emoções, fazendo a pessoa sentir alívio. Isso pode fazer uma grande diferença na vida da pessoa.

Atitudes mentais positivas possibilitam a paz interior mesmo diante das maiores dificuldades. Se, porém, as atitudes mentais forem negativas, influenciadas por medo, desconfiança, desamparo, aversão por nós mesmos, paixões e ilusões não resolvidas, então, mesmo cercados dos melhores amigos, não nos sentiremos bem e não desfrutaremos da alegria. Isso mostra que é errado esperar que o dinheiro ou qualquer benefício material possam me trazer felicidade e resolver os problemas. O bem interior não pode acontecer simplesmente por algo externo. Claro que estarmos seguros materialmente é útil e importante. Porém, nossas atitudes interiores, mentais, são mais importantes e fundamentais.

> *Atitudes mentais positivas possibilitam a paz interior mesmo diante das maiores dificuldades.*

É óbvio que você deseja saber como fazer para ter o domínio da mente, bloqueando as emoções negativas. Não é simples assim, mas é um exercício. Nesse caminho vamos substituindo em nossa mente os arquivos negativos da memória e expandindo o pensamento para coisas boas, positivas, que aconteceram conosco e que podemos fazer e viver; substituindo o medo pela confiança, o sentimento de baixa autoestima pela decisão que me faz perceber minhas potencialidades e criatividades. Preciso me dar conta daquilo que me faz mal, me deixa angustiado, limitado e triste, e ir substituindo por ideias, ambientes e ações positivas e sadias que produzem alegria.

Experiências geram mais felicidade do que comprar coisas

Carro novo, casa nova ou reformada em breves intervalos de tempo, móveis modernos, roupas, sapatos compõem a lista de possibilidades que o mercado de consumo apresenta. Há nas compras uma possibilidade quase infinita. Compra-se um produto que é logo substituído por outro. Obtém-se uma satisfação que logo se desfaz para novamente se refazer o desejo de algo novo. Isso cria um drama em quem não consegue colocar limites às compras.

O que percebemos é que há uma possibilidade nova despertando no coração das pessoas. Temos notado, pelas experiências, que as pessoas são mais felizes quando não mergulham de cabeça no consumo, mas vão despertando para experiências inéditas. O dinheiro abre muitas possibilidades. A questão é decidir no que se quer investir e o que dá mais resultado para a realização humana. Comprar experiências tem-se apresentado como uma alternativa inteligente para a felicidade pessoal. Fazer uma viagem, jantar num restaurante com amigos, escalar uma montanha desafiadora, passar o fim de semana em lugares interessantes com quem se ama, conhecer novas cidades e pontos turísticos e aprofundar o conhecimento histórico e cultural pode trazer muito mais realização do que comprar coisas. A compra sempre diz para mim: "Eu sou alguém que pode investir" ou "Eu sou alguém que sabe se vestir", mas essa noção é muito passageira e logo pede outra coisa. A compra tem pouca durabilidade de satisfação. Logo vem outro modelo, outro produto, outra cor, outra tecnologia, e a necessidade de consumo vai me perseguindo sem cessar. Seguir o ritmo do desenvolvimento deixa muitas pessoas permanentemente ansiosas, sempre em busca da última novidade. Mostrar que comprou primeiro pode ser motivo de realização para muitos. Ocorre que esse jeito de viver mantém a vida presa ao que aparece e não faz a pessoa responder a indagações mais profundas de sua alma. A tendência do dinamismo do consumo é de repormos uma compra sempre com outra. É um mecanismo muito parecido com o vício.

 Consumir menos e melhor pode ser uma forma de amenizar o impulso da compra, investindo-se em experiências mais duradouras. A experiência me possibilita um retorno de memória, me fazendo sentir de novo a alegria daquilo que foi vivido. A experiência está mais ligada à profundidade do ser. Se um casal investe numa viagem a lugares históricos sagrados, por exemplo, poderá se alimentar dessa experiência por muito tempo, uma vez que ficará guardada na interioridade. A memória afetiva desse momento continuará alimentando a realização desse casal. Segundo o especialista em comportamento Thomas Gilovich, da Universidade de Cornell, nos EUA, "as experiências, ao contrário dos produtos, seguem em nossa memória e são revividas sempre que compartilhadas, expandindo nossa percepção de prazer e a de pessoas com quem as dividimos". Um jovem empresário, depois de passar por um acidente, decidiu fazer a experiência de escalar o Everest, maior monte do mundo. Vendeu alguns bens para realizar isso e a experiência fez com que ele percebesse a vida de um jeito diferente. "Nunca penso no que deixo de ter. A montanha me tornou alguém mais desapegado e feliz." Além disso, segundo ele, "a noção de fragilidade que a montanha nos impõe é transformadora". São atitudes como essa que vão ressignificando a vida e mostrando que há algo mais valioso do que mergulhar no dinamismo das compras.

> *Consumir menos e melhor pode ser uma forma de amenizar o impulso da compra, investindo-se em experiências mais duradouras.*

A vivência de experiências, além de possibilitar um sentido mais duradouro, torna a possibilidade de arrependimento muito menor. Quem compra muito facilmente se arrepende diante da possibilidade enorme de escolhas de produtos. Esse arrependimento pode ser longo e vivido sempre que nos deparamos com o produto comprado ou com a fatura do cartão de crédito. Aliado a isso, contata-se que há um arrependimento muito maior nas pessoas pelo que deixam de fazer do que por aquilo que experimentaram. Diante disso, vale nos perguntarmos qual será nossa próxima experiência e não qual nossa próxima compra.

A felicidade pode ser duradoura?

A pergunta que nos surge é a seguinte: será possível ser feliz diante de tantas negatividades? O mundo apresenta tantos problemas e a vida é tão difícil! Como posso ser feliz? Jesus nos ensina que a felicidade não passa ao lado nem longe das experiências negativas. A felicidade precisa atravessar essas experiências. No monte das bem-aventuranças, Jesus nos diz que são felizes os que choram, os que sofrem injustiças, os que são perseguidos. Jesus é consciente e sabe que felicidade também rima com sofrimento. Passar pelo vale do sofrimento é necessário para encontrar a felicidade. A vida não é feita só de sucessos, de vitórias, de momentos exultantes. A vida é feita de dias cinzentos, em que transmitimos felicidade para um mundo que apresenta muita insatisfação e muita gente angustiada.

Felicidade não é uma meta, mas uma consequência. É resultado do que fui fazendo e vou fazendo, do meu esforço para fazer com que a vida encontre o seu rumo. É a colheita das ações plantadas ao longo do tempo. Felicidade não se improvisa. Ela se apresenta como o sabor, o fruto de uma vida bem vivida, de uma prática ética e da semeadura do bem. Não acontece dentro do mundo das facilidades, mas na atenção e no cuidado em buscar fazer sempre o melhor possível. É tocar as coisas simples da vida e sentir o sabor do contentamento na gratuidade. Felizes não são pessoas que não têm sofrimentos, obstáculos, desafios ou problemas, mas aquelas que encontram a alegria e fazem a vida fluir apesar do sofrimento. Pessoas felizes percebem o mundo como um lugar mais seguro, têm mais serenidade para tomar decisões. Manifestam contentamento nas pequenas coisas, nos pequenos gestos e nas tarefas corriqueiras. Não exultam somente com o sensacional ou o extraordinário. Vivem a vida com mais leveza. Sentem a vida fluir em tudo o que acontece.

> *Felizes não são pessoas que não têm sofrimentos, obstáculos, desafios ou problemas, mas aquelas que encontram a alegria e fazem a vida fluir apesar do sofrimento.*

A felicidade como um instante

Alcançar a felicidade é o nosso desejo. O coração humano deseja ser feliz. Se pensarmos o que significa ter uma vida bem-sucedida, facilmente alcançamos unanimidade. Mas quando perguntamos: "O que é ser feliz?", aí a resposta é muito mais difícil. Não queremos nem aceitamos respostas prontas. Embora vivamos momentos felizes, a pergunta que quer resposta é: como conseguir uma felicidade duradoura? Será somente uma questão de postura ou de estilo de vida ou das circunstâncias que envolvem cada um? Felicidade significa estar bem consigo mesmo e de acordo consigo mesmo. Mas a felicidade absoluta, como muitos imaginam, está vedada a nós seres humanos. Não há possibilidade de sermos plenos, completos, enquanto estamos neste mundo. Por isso, a felicidade completa, como nos dizem os teólogos, só é possível no céu, quando não haverá mais necessidade nenhuma. Estaremos plenos diante de Deus. Daí a palavra plenitude. A nossa vida aberta e completa na vida de Deus.

Mas estamos vivos e queremos viver bem nossa vida. Portanto, é preciso fazer valer a pena o instante que somos. A felicidade neste instante não pode ser agarrada. Não conseguimos segurá-la de forma a possuí-la, não a deixando escapar das mãos. Ela será sempre atacada. Embora possamos ter momentos de felicidade plena, momentos que não queremos que passem, logo depois novamente nos sentiremos dilacerados, incompletos. De novo habita a falta daquela realidade, ou daquela pessoa, ou daquele ambiente que nos proporcionou um momento forte de felicidade. Ainda pode vir uma notícia que nos desagrade, ou perdermos algo, ou uma doença atingir alguém que amamos; então, já nos escapa aquela felicidade que queríamos que fosse permanente. A felicidade, diante disso, é assumir a vida como ela é. Viver aquele estado, aquela situação, conviver com aquilo que se apresenta, sem ilusões, sem desespero e na confiança de que a vida é tudo isso. Um filósofo da antiguidade dizia: "Não te esforces para que as coisas aconteçam como desejas, mas deseja os acontecimentos como acontecem e terás uma vida feliz". Ou seja, precisamos viver a situação que se apresenta e dentro dela encontrar motivos para dizer: "Eu sou feliz, vivo feliz, apesar de tudo".

> *A felicidade completa, como nos dizem os teólogos, só é possível no céu, quando não haverá mais necessidade nenhuma.*

A felicidade como caminho interior

Trabalhar a felicidade significa viver conscientemente. Viver com todos os sentidos. Empenhar-me na vida ou empenhar-me em favor de alguma causa ou de alguém. Nas conversas que tenho com as pessoas, às vezes pergunto: quem é você mesmo? Você se conhece? Quem é a pessoa mais importante para você? A quem você serve? Felicidade não pode ser pensada como uma liberação de hormônios que causam emoções positivas no cérebro. Essa pode ser uma sensação momentânea, mas não dura. A felicidade que se exige duradoura requer uma atitude interior. Eu preciso me reconciliar com aquilo que sou. Essa nem sempre é uma tarefa fácil. Preciso dizer a mim mesmo: "Eu me aceito como sou, acolho a mim mesmo, aceito a minha beleza e minha inteligência. Estou bem comigo mesmo. Aceito também a minha história, perdoo os meus erros e as alfinetadas e os machucados que os outros me fizeram sofrer. Não quero ter outra vida. Estou satisfeito com a minha vida. Estou de acordo comigo e com aquilo que sou. Não me comparo aos outros. Não quero viver a vida dos outros, mas aceito apaixonadamente viver a minha vida. Sou aquilo que sou, faço aquilo que faço, procuro fazer bem todas as coisas, quero lançar sementes boas com a minha vida e sendo o que eu sou". Isso é reconciliar-se consigo mesmo. Chegar a esse estágio é uma tarefa de construção. Somos impulsionados a todo momento a comparar nossa vida com a de outros. A não estarmos satisfeitos com o nosso momento e com a vida que temos.

> *Felicidade é abandonar ilusões, aceitar-me como sou e viver o presente com muita intensidade.*

Nenhum técnico pode me dar o caminho da felicidade. O caminho é olhar para dentro de nós. Se alguém me ajudar a entrar em sintonia comigo mesmo, então ele está me ajudando a ser feliz. Mas isso não pode me garantir a felicidade. Preciso estar disposto a abandonar algumas ilusões, como: "A minha vida é perfeita; eu sou o melhor e tudo comigo tem êxito". Essas ilusões me afastam do meu ser. Felicidade é abandonar ilusões, aceitar-me como sou e viver o presente com muita intensidade.

A saudade e a felicidade andam juntas

Felicidade rima também com saudade. Saudade é um sentimento que habita o coração de quem ama. Quem ama sente saudade e a saudade é a vontade de estar com que se ama; é viver aquela realidade de felicidade, estar naquele ambiente onde a felicidade parecia completa, naquela atividade ou com aquelas pessoas com as quais o coração se sentiu verdadeiramente acolhido; voltar àquela experiência de ajudar alguém, que nos deixou profundamente realizados. Aí se experimenta felicidade. Dessas experiências também nasce a saudade. Assim, felicidade e saudade andam de mãos dadas. Vivemos instantes de felicidade e sentimos saudade logo que se vão.

Esse sentimento de saudade e de felicidade não completa aponta para uma realidade maior. A saudade aponta para um além de si mesma. Quando sinto saudade, posso perceber que nada vai satisfazer-me por completo. Nessa incompletude que noto em mim, posso mergulhar no coração de Deus, fonte do amor e da vida. Uma coisa é pensar que poderei preencher o meu coração com muitas coisas, procurando aqui e acolá desesperadamente, querendo eliminar a saudade que sinto, a falta que sinto. Mas isso não é possível. Quanto mais experiências eu fizer, mais saudade poderei sentir. Por isso, um caminho que parece acalmar o coração é a contemplação de Deus. Olhar para Deus, abrir o coração a ele, senti-lo, e a todas as coisas.

Em todo ser humano habita uma ânsia, um desejo, uma saudade que nada neste mundo pode satisfazer. Essa saudade pode ser acalmada, mas nunca eliminada. Eu me acalmo à medida que sinto Deus em todas as coisas, como a origem, como a fonte de todo ser. Não posso sentir Deus diretamente. Posso de alguma forma tocá-lo em todas as coisas e também ali onde sinto saudade. E para entrar em contato com nossa saudade, poderíamos pôr a mão em nosso coração e perceber quantos desejos brotam dali. Desejo de relacionamento, desejo de paz, desejo de um amor que inunde nosso coração, desejo de Deus, que nos consegue trazer tranquilidade. A saudade e o desejo são reflexos de Deus em nossa alma.

> *Eu me acalmo à medida que sinto Deus em todas as coisas, como a origem, como a fonte de todo ser.*

Santo Agostinho dizia: "A ti, ó alma, nenhuma outra coisa satisfaz que não seja aquele que te criou. Qualquer outra coisa que agarres se transforma em nada, porque só pode satisfazer-te aquele que te criou semelhante a ti". Queremos agarrar muita coisa pensando ser ali o lugar da nossa felicidade. Mas tudo se apresenta como insuficiente. Nosso coração, ainda como diz Agostinho, estará sempre inquieto enquanto não repousar naquele que o criou, que é a fonte de vida, do amor e de todo o ser.

CAPÍTULO 2
RESPOSTAS DO AMOR

Como você vê a vida?

Podemos ver diante de nós dois anjos: o anjo da história e o anjo do futuro. O primeiro tem o rosto voltado para o passado. Ele vê uma série de acontecimentos que se apresentam como um amontoado de destroços. Ele observa as catástrofes e os problemas vividos e sofridos. Esse anjo voltou as costas para o futuro e só vê a montanha de destroços diante dele que se agiganta até o céu. O anjo do futuro, porém, contempla o horizonte que está por vir. Prepara o caminho para a vinda de Deus na história. Porque olha para a frente, mantém a esperança viva. Nele o coração se anima, pois se fundamenta na promessa de que a vida sempre vence. Deus garante a vitória da vida.

O anjo do futuro não olha para trás com tristeza ou ira. Quando olha, contempla também o passado com amor. Olha os destroços e problemas, mas, como tem esperança firme no futuro, não se deixa abater pela tristeza. Vê os problemas vividos como momentos que ajudaram no crescimento e na espera confiante do futuro.

O anjo da história fica preso a mágoas, feridas e não consegue perceber a beleza da vida. Ele só está interessado em olhar para trás e para a terra. Não se volta para contemplar o horizonte, o sol e o infinito. Somente o anjo do futuro consegue mudar a visão do anjo da história. Quando tendemos a permanecer contemplando somente os destroços e fracassos da nossa vida, precisamos nos colocar em sintonia com o anjo do futuro. Ele é como o Espírito que dá vida à morte. Não é que o anjo do futuro se preocupe somente com as alegrias e vitórias. Ele passa pelas derrotas e abre as portas da esperança.

> *Deus garante a vitória da vida.*

A esperança da vida, que o anjo do futuro traz, não se baseia na força que temos quando jovens, nem no poder, no sucesso ou nas riquezas. Essa esperança se baseia no grande mistério divino, que não está longe de nós. Ele está mais perto do que pensamos. Ele está dentro de nós. Sustenta o mundo todo com seu amor. Ele vem ao nosso encontro com a promessa de vida em abundância. O anjo do futuro nos traz a notícia de que tudo ficará bem. Nada do que se viveu foi em vão. Todos somos convocados para essa esperança. Essa convocação soa como uma ordem para resistirmos contra a morte, contra os poderes de morte, e para amar a vida e valorizá-la sempre, a todo instante, qualquer que seja, a vida inteira.

Quem são os culpados pelo meu fracasso?

Escuto muita gente colocando nos outros a culpa pelos próprios fracassos. O esposo ou a esposa, algumas vezes os filhos ou os pais, o colega de trabalho, o vizinho, o governo ou outro alguém que nem consegue identificar, é responsável pelos seus fracassos. É estranho, mas existe muito essa prática de atribuir aos outros aquilo pelo qual não são responsáveis. É o pensamento vitimista. "Eu sou vítima do mal que me fizeram. Não sou culpado, os outros é que são."

Muitas vezes a pessoa não identifica ninguém como culpado dos seus fracassos, mas cria a hipótese de que ele existe. Aí fala ao orientador espiritual: "Padre, acho que alguém está me fazendo mal. Não sei quem é, mas as coisas na minha vida estão dando muito errado. Só pode ser alguém querendo o meu mal". Essas hipóteses são altamente destrutivas, e fica ainda mais difícil que algo na vida mude. Apontar um culpado pelos nossos fracassos já é complicado, mais ainda criar a hipótese de ser alguém que nem sabemos ao certo quem é.

Quando alguém atribui seus insucessos ao pai, ao vizinho, ao colega de trabalho, caso se afaste dessa pessoa que supostamente lhe faz mal, cria condições para viver a própria vida. Aí precisa assumi-la como responsabilidade sua, uma vez que está longe desse algoz. Mas ao imaginar que há alguém lhe fazendo mal sem saber quem é, nisso não encontra solução. Esse "alguém" pode persegui-lo aonde for.

Ao se colocar como vítima de alguém, a pessoa não cresce. A vítima é sempre quem foi ferido sem culpa. O outro é culpado. Logo, quem precisa mudar é ele, não a própria pessoa. "Sou apenas aquele que foi machucado pelo outro, sem culpa." Veja que complicado é esse pensamento! "Quem precisa melhorar para que a minha vida dê certo é o outro, não eu." Essa é uma das formas mais fáceis de empacar na vida. Pessoas assim não avançam enquanto não mudam esse pensamento. Atribuem seus fracassos, suas quedas, seus problemas à responsabilidade de outros. Os outros são responsáveis pelo seu malogro.

Há pessoas que carregam a ideia de que a casa em que habitam ou o local de trabalho têm sobre elas uma força negativa que não as deixa viver. Nesses casos também há uma dificuldade grande de solução, porque não há algo objetivo que confirme a ideia que criaram para si. Outra pessoa pode dizer: "Eu não sinto nada aqui, isso é da sua cabeça". Só que isso não é suficiente para que abandonem a ideia negativa. Na maioria dos casos a troca de ambiente não mudará nada. Carregarão consigo essa mesma suspeita, se não trabalharem sua harmonia interior. Naturalmente que os ambientes nos influenciam e têm uma carga sobre nós. Mas, quase sempre, a negatividade e a suspeita são uma elaboração interior, quando não estamos em harmonia conosco mesmos.

> *À medida que tenho consciência de que sou livre para decidir, devo também assumir as responsabilidades daquilo que me acontece.*

Precisamos ser protagonistas da nossa vida. Eu construo a minha vida. À medida que tenho consciência de que sou livre para decidir, devo também assumir as responsabilidades daquilo que me acontece. Claro que outras pessoas podem também me influenciar negativamente. Mas atribuir a elas meu fracasso quase sempre é algo exagerado. Mesmo quem é muito ferido, enganado, explorado por outros dá a volta por cima, quando tem noção da responsabilidade sobre a própria vida. "Eu sei que fui ferido, mas sei que a vida vai melhor com meu empenho. Ninguém vai me tirar da situação que estou, senão eu mesmo. A força para superação deve brotar da minha interioridade." Essa compreensão é fundamental para que não permaneçamos no papel de vítimas. Ninguém vencerá se permanecer na condição de vítima. "Se o culpado é o outro, o que devo fazer? Ficar aqui sofrendo minhas feridas, já que não sou culpado de nada." Esse pensamento fraco instala as pessoas em situação de permanente sofrimento. O protagonista da própria história não assume o vitimismo. Sabe que a vida é difícil, sabe que outros podem fazê-lo sofrer, mas sabe também que tem força interior para levantar e dar a volta por cima. Não alimenta em si um pensamento que o amarra ao sofrimento e não o deixa levantar. Sabe que precisa, por si só, levantar e andar.

Não adianta ficar lambendo as próprias feridas

As feridas são as marcas que vão permanecendo em nós pela nossa história de vida. Todos passamos por sofrimentos, fracassos, traições e desilusões, muitas vezes, por expectativas altas demais que tivemos de nós mesmos. Esperávamos muito de nosso comportamento, e, também, alcançar a meta de nossos projetos, porém não conseguimos. Pensávamos ser bons, capazes de lidar com as situações, e percebemos nossos limites. Aí veio a desilusão. E ainda nos decepcionamos com pessoas em quem confiávamos demais. Elas também não conseguiram corresponder às nossas expectativas e ficamos desiludidos e magoados.

Quando as feridas são fruto de imagens elevadas demais que criamos de nós mesmos ou dos outros, então precisamos refazer tais imagens. Percebemos que não realizamos tudo certo como queríamos, que nossos projetos nem sempre conseguem alcançar todos os resultados desejados. Em relação aos outros, vale o mesmo. Ninguém é perfeito. Se você espera demais de alguém, poderá se decepcionar. Por isso, precisamos de uma imagem realista da vida, de nós mesmos e dos outros.

Claro, a confiança em nossas forças é muito importante, bem como a confiança nas pessoas. Isso nos permite andar com mais segurança. Seria muito complicado se desconfiássemos de todas as pessoas e não confiássemos em nossa capacidade de construir a vida e o futuro. Contudo, a imagem realista da realidade e das pessoas também comporta a decepção, a desilusão e o sofrimento como parte da construção de nossa história.

> *Precisamos de uma imagem realista da vida, de nós mesmos e dos outros.*

Se você está ferido e sente que isso dói, não fique lambendo suas feridas. Isso não lhe aliviará a dor. Quem lambe as próprias feridas não aprende a lidar com o sofrimento. Olhe para a frente, de cabeça erguida, e perceba que a vida e o seu sentido estão ligados aos valores elevados que você encontra quando fundamenta sua existência no infinito do amor e da verdade. Olhar para a frente, no infinito, permitirá à ferida secar e, embora a marca possa permanecer, que a dor seja superada, porque a vida que você passou a viver se mostra muito mais interessante do que aquele ferimento.

Qual meu legado?

À medida que vamos caminhando e construindo nossa vida, também vamos deixando rastros. Os rastros são nossas marcas. Podem ser marcas de amor e também de dor e desgosto. Perguntar a si mesmo sobre que rastros se está deixando é muito importante para viver conscientemente. A vida e as pessoas não podem passar despercebidas por nós. Estamos sempre mais aferrados a nossos objetivos e metas que, o que está fora disso, passa ao largo da nossa vida. Até mesmo nos relacionamentos, valorizamos e damos atenção às pessoas com que estamos envolvidos e as outras deixam de ter o mesmo valor.

Eu e você temos uma origem divina. Saímos de Deus, fomos criados por vontade do seu amor. Após concluirmos nossa aventura na terra, cremos que voltaremos para Deus. Dessa origem divina nasce uma missão. O que eu tenho a fazer neste mundo? O que o Deus que me criou espera de mim? Se eu pensar o que agrada a Deus e o que faz bem às pessoas e desejar agir de acordo com isso, certamente vou deixar rastros de amor. É o que mais importa. Minha felicidade, minha alegria nascem do bem e da preocupação humana que tenho com os outros. Se fizer isso, vou perceber que brotará algo em meu interior que não tem explicação, mas é uma satisfação intensa por ver o bem que floresce de minha obra. Posso ser uma bênção para as pessoas e de tudo o que faço deixar sinais de amor.

> *Minha felicidade, minha alegria nascem do bem e da preocupação humana que tenho com os outros.*

Se deixar rastros de amor estiver dentro das minhas metas, então me preocuparei menos com minhas negatividades, com problemas, com dias cinzentos que experimento. Sei que isso faz parte, mas não vou dar demasiada atenção. Minha atenção e meu cuidado estarão nos outros, e não nas minhas negatividades. Ficar sempre preso às minhas preocupações impossibilita que eu seja bênção para os outros. Em todas as pequenas ações e detalhes simples, poderei deixar marcas positivas. Claro, isso não é simples. Preciso de atenção continuada naquilo que faço, no modo de tratar as pessoas, no foco de minhas ações. Isso me deixará aberto às pequenas oportunidades de expressar amor e cuidado. Ali estarei construindo meu legado, deixando meus rastros e desempenhando minha missão.

Saber lidar com o que nos acontece e ter atitude

Todos gostaríamos de ter controle sobre a vida. Gostaríamos de alcançar os objetivos que planejamos, controlar o que não queremos que aconteça, ter o domínio sobre tudo. Só que a vida não é assim. Não temos controle sobre a vida. Não conseguimos controlar tudo. Muitas coisas fogem do nosso controle. Não esperávamos, não planejamos, não sonhamos nem queríamos que acontecesse, mas aconteceu. É a vida com sua dinâmica e possibilidades que fez acontecer. E agora, o que fazer? Diante do que acontece sem que queiramos ou sem planejarmos, a única situação que resta é aprender a lidar. Saber lidar é uma atitude que se aprende. E ela não é pouco importante. Muita gente tem dificuldade de lidar com a vida e com aquilo que acontece. Não consegue sair dos problemas, mesmo que sejam pequenos. Está sempre desgastada pelo peso das situações de vida que a envolvem. Lidar, reeditar o modo de perceber a realidade, contornar os interditos, torna a vida mais madura. A imaturidade encontra problema em tudo. Se não tem, cria. Quando tem, aumenta e se afoga nas águas desses problemas. A imaturidade não sabe lidar com aquilo que acontece. Sobremaneira se não o previu ou não o esperava. Por isso, diante daquilo que não esperávamos nem queríamos que acontecesse, a única forma de encontrar portas de saída é aprender a lidar. Lidar com o inesperado percebendo que não podemos controlar a vida. Podemos ter as rédeas da vida na mão, mas essas rédeas não controlam tudo.

> *Só chegamos ao pódio de nossas conquistas com determinação, decisão e empenho.*

Outro aspecto importante para viver bem a vida é ter atitude. A vida precisa de determinação. Precisamos alimentar nossos sonhos e nossa vontade de chegar, de vencer, de deixar nosso legado. Só chegamos ao pódio de nossas conquistas com determinação, decisão e empenho. A vida é tarefa minha. Não posso terceirizar meus sonhos nem esperar que os outros façam aquilo que precisa ser feito por mim. Ter atitude é dizer para mim mesmo que a vida é minha e eu a farei brilhar. Não posso ser vítima dos acontecimentos nem de meus fracassos, e muito menos das minhas emoções negativas. Nem posso ser vítima daquilo que outros fizeram, tampouco do ambiente onde cresci. Tudo me influencia, é verdade. Mas agora eu já posso decidir. Eu digo a mim mesmo que vou fazer as coisas darem certo. Não devo esperar pelos outros. Eu preciso ser autor da minha história. O mundo de hoje quer exatamente pessoas capazes de serem autoras da própria história. E isso não é conquistar muito ou ser rico. Mas é fazer aquilo que me cabe, desempenhar minha missão, ter atitude, garantindo a qualidade de vida. Qualidade psíquica e emocional, porque a felicidade depende disso.

O crescimento das coisas precisa de tempo

No livro *O pequeno príncipe*, de Antoine de Saint-Exupéry, lemos a seguinte expressão, que tem muita sabedoria para nossa vida: "Espere pelo milagre como o jardineiro pela primavera". O milagre maior acontece todos os dias, quando acordamos e percebemos que podemos respirar, que estamos vivos para buscar o melhor e amar.

O milagre não é algo que podemos forçar. Não conseguimos fazer milagres. Eles acontecem quando vamos acolhendo a vida com toda intensidade; quando acolhemos a vida e o amor que estão em contínua atividade. Se andamos freneticamente de cá para lá, querendo conseguir algo à força, não acontecem milagres.

Quando sabemos esperar, quando temos paciência, quando respeitamos o crescimento das coisas, então demonstramos sabedoria diante da vida. É como o trabalho do jardineiro. Ele prepara o terreno, planta a semente e sabe esperar pela primavera das flores e dos frutos. Ele não antecipa a primavera, somente sabe aguardar.

Hoje em dia se corre muito. Muitas pessoas não têm paciência para esperar. Somos impacientes e pensamos que tudo deve ser feito rapidamente, no menor tempo possível. Porém, precisamos dar o tempo necessário para aquilo que queremos ver crescer de forma duradoura. Os relacionamentos entre as pessoas precisam de tempo para tornar-se fortes. Tudo o que se planta na terra precisa de tempo para o crescimento. Para passar num vestibular competitivo é preciso dedicar tempo suficiente de estudo. Para conhecer bem uma pessoa e decidir-se casar com ela é necessário o tempo do namoro. A maioria das empresas precisa de tempo para firmar sua marca. O que se consegue em tempo curto quase sempre passa mais depressa. O que vem rápido, passa rápido e se perde.

> *Quando alguém é paciente consigo mesmo, sabe esperar, colhe os frutos de seu amadurecimento.*

Isso vale também para o crescimento humano. O ser pessoa humana é processo de crescimento. É sempre gradual, passo a passo, degrau a degrau. Quando alguém é paciente consigo mesmo, sabe esperar e colhe os frutos de seu amadurecimento. Dê-se tempo para crescer, deixe-se crescer no seu ritmo, isso será mais saudável e duradouro.

O mal que alguém me deseja pode me afetar?

Muitas pessoas vêm conversar comigo e dizem que a vida não vai bem. Suspeitam que alguém esteja lhes desejando o mal. Parecem estar sendo dominadas por uma força que vem de fora e é negativa. Logo começam a suspeitar de muitas pessoas. O fato é o seguinte: pode existir alguém que não queira nosso bem, ou melhor, que queira que o pior nos aconteça. Os corações humanos se movem nas intenções mais distintas. Nem todos desejam o bem dos outros.

Quando alguém me expõe uma situação de suspeita, logo pergunto: "Você consegue pensar em alguém que possa desejar o seu mal?". Se a pessoa não tem nenhum inimigo declarado, não fez mal a ninguém e não possui histórico nenhum de desavença, então logo acalmo a suspeita. Não dá para criar suspeita, se não conseguimos identificar essa pessoa. É preciso acalmar o coração e tentar perceber outras raízes para seus fracassos ou sofrimentos. Não posso terceirizar meu problema. A vida é uma construção nossa e as vitórias e fracassos têm raízes próximas às nossas escolhas ou ao ambiente de vida. A vida, com suas vitórias ou não, é responsabilidade nossa.

Mas pode alguém me afetar com o mal que me deseja? Certamente. O mal e o bem são forças. Nós somos energia. A vida morre quando perde a energia. A energia é força que sustenta a vida. Por isso, posso receber de uma pessoa sua força negativa ou positiva. Sentimos uma energia positiva e agradável na companhia de pessoas boas, integradas. Gostamos de estar junto de pessoas de energia positiva. Ao contrário, sentimos também a energia negativa de muitas pessoas que não têm serenidade e paz. Se não cuidamos, podemos nos deixar afetar negativamente. E isso acontece só pelo fato de captarmos a atmosfera da outra pessoa. Ela nem quer nosso mal, mas, por não estar bem, pode nos afetar.

> *A energia da pessoa que lhe deseja o mal não consegue abalar sua firmeza em Deus.*

Claro que isso não é determinante para que minha vida perca o rumo. Não dá para pensar assim. O outro pode querer meu mal, mas, embora isso tenha força contra mim, não pode necessariamente me derrubar. A minha busca está sólida e serena, por isso vou seguindo meu caminho. Essa força negativa não é suficiente para alterar o rumo que a minha vida tem pela força positiva que a sustenta. Isso acontece com as pessoas que são integradas, que sabem do seu lugar no mundo e conseguem lidar bem com a vida. Elas entendem que as adversidades existem, mas não se deixam derrubar por elas. Confiam em sua força interior. Têm conhecimento de que são portadoras de uma força que ninguém pode lhes roubar. Confiam em Deus e no seu amor. Compreendem que nele podem entregar a sua vida e que ele tem uma força maior do que o mal. Embora reconheçam a presença do mal, sabem que Deus é maior. Essa confiança em Deus traz serenidade ao coração. A energia da pessoa que lhe deseja o mal não consegue abalar essa firmeza em Deus.

Ocorre, no entanto, que hoje há muitas pessoas fragilizadas. Na fragilidade estou mais vulnerável à influência do ambiente. A negatividade pode me atingir com mais intensidade porque encontra em mim alguém que está relativamente fraco. É nessas situações que o mal que o outro me deseja pode me afetar e tirar minha paz. A energia negativa dessa pessoa foi jogada contra minha força. Como minha energia está baixa, mais facilmente posso sentir essa negatividade em mim e no meu ambiente. Só pelo fato de estar fragilizado sinto mais o peso das contrariedades. Unindo isso ao mal que o outro quer para mim, faz com que eu sinta mais o sofrimento. Os problemas podem se abater sobre mim com mais intensidade.

O outro tem poder sobre mim? Depende. Se estiver bem e forte, terei força para continuar e, muitas vezes, não perceberei nenhuma diferença, mas pode ser que eu já esteja relativamente fragilizado por várias situações. Essa fragilidade, unida a ideias negativas que posso ir alimentando, mais a energia negativa colocada sobre mim, podem favorecer que eu experimente mais a força dos problemas e do sofrimento.

O medo é a presença mais diabólica

O medo está presente no coração e na mente de muitas pessoas. Alguns são atingidos de tal forma por ele que ficam paralisados. Sua vida fica travada e não flui. Um pensador chamado Napoleon Hill, já nos anos 1930, dizia que um dos instrumentos mais poderosos para controlar a mente humana é o medo. Seis medos, segundo ele, são mais comuns: medo da pobreza, da crítica, da perda da saúde, da perda do amor, da velhice e da morte.

O medo vai ocupando espaço em nossa mente e impedindo a liberdade do pensamento. E o pensamento livre é o que mais dá força e vigor ao ser humano. Somente pessoas de pensamento livre conseguem servir as pessoas e a humanidade. Assim conseguem ser luz para os outros. Se você permitir que sua mente seja ocupada com pensamentos negativos, eles vão controlar sua vida.

As forças positivas que destroem os pensamentos negativos e o medo são o amor, a fé, a esperança e o otimismo. Elas dão harmonia a tudo e sustentam a vida. Essas forças possibilitam o pensamento livre, por isso são de Deus. As forças negativas com pensamentos perturbadores e de medo são diabólicas. E é exatamente esse o sentido da palavra diabo, isto é, aquele que divide, perturba, desfaz a harmonia. Não sei se aquela ideia do diabo feio, com chifres e tridente é a mais correta. Porém, perceber que as forças negativas e demoníacas agem em nosso pensamento é muito importante.

Em nossos dias muitos medos atingem as pessoas. Como disse Napoleon Hill, por exemplo, se tivermos medo da crítica, teremos dificuldade em tomar decisões, muito embora saibamos que podemos errar. A possibilidade do erro, bem como o fato de pensarmos que estamos sempre sendo avaliados pelos outros não devem travar as nossas decisões. Não devemos aceitar essa ideia de que os outros nos determinam.

> *As forças positivas que destroem os pensamentos negativos e o medo são o amor, a fé, a esperança e o otimismo.*

Ainda, muitos hoje temem perder a saúde. Com isso até deixam de viver, porque qualquer alimento mais saboroso, que gostariam de comer, é avaliado pela ideia da saúde, a qual está acima de tudo, e isso faz com que a vida não flua.

Também perder o amor é um medo que perturba a mente. Todos temos carências, por isso tememos perder as pessoas que amamos, e essa pode ser uma ideia muito perturbadora. Junto a isso entra o medo da morte de quem se ama. Embora saibamos que todos precisamos passar por ela, até em pessoas mais jovens o medo da morte, por vezes, tira o sono. Isso sem falar dos medos atuais da violência, de que os filhos se envolvam com drogas, de perder o emprego, da solidão, o medo do futuro etc.

Sugiro que você avalie a si mesmo e perceba os pensamentos que estão na sua mente. São negativos e de medo? Ou são de amor e de fé, que impulsionam o serviço à humanidade? Somos os primeiros detectores daquilo que se passa conosco. Desejo que você faça essa experiência de eliminar as negatividades e o medo e construir um pensamento livre e amoroso em relação a tudo.

O amor me deixa aberto à novidade do encontro

O amor é a força mais fantástica da existência humana. É o primeiro argumento da vida, o valor mais universal e a rima mais perfeita com realização humana e felicidade. Não há vida humana sem amor, não há crescimento, não há sentido, não há família, não há cor nem alegria onde falta o amor. Onde ele não existe falta tudo. Ele é a maior e a melhor resposta para as interrogações mais profundas da existência. Sobre ele já foi dito e sempre se diz muita coisa, dos mais diversos pontos de vista. O amor é uma experiência universal e a linguagem que marca a existência de todo ser humano.

O amor precisa ser cuidado. Assim como precisamos acompanhar o crescimento de um ser humano, que nasce frágil e todo necessitado de cuidados, o amor precisa de cuidado para crescer. Ele está presente em todo ser humano como possibilidade. O cuidado aparece como atitude fundamental para que o amor se torne uma realidade presente e transparente nas pessoas. Onde não existe cuidado, que já é expressão do amor, pode crescer violência, indiferença, fortalecimento da agressividade e força de morte. Nisso se compreende, sob um aspecto, o fato de existirem pessoas más, agressivas e violentas. O cuidado no amor possibilita o fortalecimento de pessoas que amam e cuidam. No cuidado o amor cresce, porque ele é uma arte que se aprende. Ninguém nasce sabendo amar. Tudo se aprende na vida. O amor também está no ser humano como possibilidade. Por isso, ele precisa de cuidado, de formação e decisão.

> *O amor é uma experiência universal e a linguagem que marca a existência de todo ser humano.*

O amor é a necessidade de sair de si mesmo. O ser humano é o ser do encontro. Não é possível alguém encontrar sentido para a vida isolando-se, vivendo somente no seu mundo de trabalho e preocupações. A pessoa que ama carrega em si uma força interior, que a projeta ao encontro de outras pessoas, de novas realidades e de novos sonhos. Pensemos juntos para ver se encontramos uma realidade mais bonita do que o fato de ter pessoas que nos amam e a quem podemos amar! O isolamento mata a vida e o sentido. Se somos seres do encontro, cada um poderá, olhando ao seu redor, perceber a qualidade dos encontros que vive. Como são os meus encontros com as pessoas que estão mais próximas a mim, na minha família, no meu trabalho, no clube, no futebol, na pizzaria, nos momentos de gratuidade? Para que haja encontro precisa haver face a face, precisa existir palavra, olhar e atenção. No encontro, quando há saída de mim mesmo em direção ao outro, descubro que a outra pessoa é um mistério infinito, a quem devo respeito e amor. Ora, assim se pode dizer que nem todos os encontros são, na verdade, encontros verdadeiros. Há pessoas que simplesmente estão junto de outras. O encontro só acontece quando acontece a saída de mim mesmo em direção ao outro. Na saída existe amor. A outra pessoa passa, então, a povoar a minha existência, com sua história, com suas experiências, suas alegrias e preocupações. Pode ser que o outro não se torne, por isso, amigo. Não é esse o caso. O fato é que, quando sou uma pessoa aberta, não isolada, não somente preocupada com minhas coisas e meu mundo, passo a enriquecer o outro com a minha vida. E nisso também encontro sentido para viver. A minha felicidade se constrói nessa troca. Por isso, é possível dizer que se isolar é também se fechar ao amor.

A intolerância revela que você não é grande

Tolerar é suportar as atitudes e as ideias do outro. Somos diferentes uns dos outros. Pensamos diferente, agimos diferente, temos histórias de vida e personalidades diferentes. Cada ser humano é único. Somos únicos também diante de Deus. Por isso, cada um tem sua identidade, seu jeito de pensar, de compreender e de ser, suas crenças, seus posicionamentos políticos, suas ideias a respeito da vida e da sociedade. Somos essencialmente uma pluralidade. Cada um com os demais compõe o todo. Mesmo nas crenças, embora sejamos uma mesma comunidade, somos diferentes dentro dela. Não há como colocar dentro de cabeças diferentes a mesma ideia num sentido pleno. Ainda que partilhemos ideias iguais, cada um assimila a ideia do seu jeito. Esse fato faz com que a outra pessoa seja sempre um mistério para mim. Embora eu possa saber muito sobre ela, nunca saberei tudo e completamente. A outra pessoa sempre continuará com uma profundidade maior do que posso saber e captar. É isso que faz com que o princípio do respeito seja fundamental nos relacionamentos. Eu não devo querer fazer com que a outra pessoa pense ou seja igual a mim. Poderá pensar parecido, mas sempre será ela mesma no seu mistério único. O mesmo acontece com as atitudes. Podemos inspirar, educar, orientar alguém para que tenha determinadas atitudes, mas ela sempre terá o seu jeito e sua maneira única de fazer as coisas.

> *Os diferentes pensamentos, ideias, jeitos de ser podem me acrescentar e dinamizar minha vida em direção ao crescimento.*

Essa reflexão mais filosófica fica um pouco complexa. Dizendo de forma simples, o fato é que somos diferentes uns dos outros, no jeito de pensar e de agir. Saber isso não basta. É preciso perceber a profundidade da diferença, para que sejamos mais respeitosos uns com os outros. Quem não acolhe esse dado essencial da diferença, pode ter postura intolerante. E em nossos dias a intolerância está crescente. Não são poucos os grupos que querem converter o outro para que seja do mesmo partido, da mesma religião, tenha os mesmos pensamentos e as mesmas práticas. Isso gera às vezes violência, tensão e desrespeito. São atitudes que não apresentam uma sociedade que evoluiu para a compreensão daquilo que é essencial, mas fica presa no império do mesmo: mesmo pensamento, mesmo jeito, mesmas coisas. Alguém que tem as mesmas ideias e práticas que eu, embora seja importante, não vai acrescentar-me muito. Os diferentes pensamentos, ideias, jeitos de ser podem me acrescentar e dinamizar minha vida em direção ao crescimento. Por isso, as diferenças nos dizem que é possível aprender com tudo e com todos. Se eu assumir a postura do respeito ao invés da intolerância, então eu posso crescer sempre. Mas, se quero converter os outros ao meu jeito, imaginando, então, que já estou pronto, já sei, já conheço tudo, faço o que é certo, creio na minha verdade e os outros é que precisam mudar, isso me deixa sempre igual, o mesmo.

Convido você a pensar na sua postura e jeito de ser. Você percebe que tem um pensamento próprio, uma identidade, mas respeita as diferenças, ou pensa que os outros deveriam converter-se ao seu jeito e a suas ideias e crenças? O seu pensamento é respeitoso, ou no seu jeito de falar e de ser manifesta agressividade e intolerância?

Viva com gratidão!

Gratidão tem a ver com reflexão e pensamento. Quem pensa percebe que a vida tem muitas coisas boas. Posso ser agradecido por tantas realidades! Perceber pequenas alegrias, um gesto de um amigo, um feliz encontro, uma palavra que toca e conforta o coração.

Mas o que ganho com a gratidão? Mesmo diante de coisas não tão boas, o que me traz a gratidão? Quando somos agradecidos, vamos nos dando conta de que não somos uma ilha. Somos um conjunto de relacionamentos com muitas outras pessoas. Delas recebemos muitas coisas e também doamos aquilo que somos aos outros. Quando percebemos isso, tomamos consciência de nós mesmos e percebemos que não podemos viver sozinhos.

É através das outras pessoas que nosso "eu" toma forma. Sem os outros não poderíamos viver. Ao reconhecermos o outro também podemos reconhecer a Deus. Diante de Deus a melhor oração que pode existir é a gratidão. Reconhecer nele o fundamento de tudo o que existe, do amor e do bem e a ele dizer: "Muito obrigado!".

A pessoa ingrata fica diminuída. Ela não consegue perceber as possibilidades importantes que existem.

Pessoas ingratas são desagradáveis. Melhor não ter nada para tratar com elas. Com elas nos sentimos mal. Parece que nada vai satisfazê-las, porque não são agradecidas por nada.

> *Quem é grato vai alargando o campo de percepção para ver o bem que há na vida.*

A gratidão, ao contrário, transforma a vida. A pessoa passa a perceber a vida com outros olhos. Em todas as situações enxerga motivos para agradecer. Claro, o que não se pode é exigir gratidão dos outros como um dever. Também não se pode agradecer as coisas ruins que existem no mundo. O que é ruim é ruim. Devemos combater o mal e não agradecer por ele. A gratidão não ignora o mal; percebe o mal e o combate, mas não se fixa nele. Quem é grato vai alargando o campo de percepção para ver o bem que há na vida. No bem, na beleza da criação, no sol nascente e poente, no sorriso da criança, na mão estendida, nos gestos de solidariedade e serviço, vai encontrando motivos para viver e se alegrar.

Seja grato por acordar, por poder respirar ar puro, pela saúde, pela família e pelo trabalho. Seja agradecido especialmente por poder reconhecer a presença de Deus e contar com seu amor.

O amor tem diferenças?

Qual a diferença entre amar a Deus e amar as pessoas? O amor é o mesmo? O amor toca nossos sentimentos, mas há diferenças. Os gregos, na filosofia, tinham uma forma de falar do amor que nos ajuda um pouco a entender os diferentes sentidos do amor. Usavam, ao menos, três termos para falar do amor: Ágape, Eros e Philia.

Ágape traduz o amor de Deus. É um amor completamente desinteressado. Ama porque é próprio dele amar. Sua natureza consiste em estar amando sem esperar nada em troca. Ágape é o amor que não tem falhas, perfeito, intenso, total. É o amor incondicional, isto é, independente de condição, ele ama.

Eros, por sua vez, é o amor humano, carregado de desejo. Traduz o amor entre os amantes, em que um deseja o outro. É o amor mais voltado aos desejos do corpo. Ele é a força que faz com que nos sintamos atraídos pela outra pessoa. Os gregos representavam esse amor como um garoto com arco e flecha. Esse garoto, Eros, disparava setas de amor. Quem fosse atingido pela seta disparada por Eros, ficava enamorado da outra pessoa. Esse amor de enamoramento e desejo exige sempre reciprocidade. Quer dar e receber amor.

É um amor que quer complementaridade, por isso é imperfeito, não é pura doação como o Ágape.

O amor Philia, segundo os gregos, é o amor de amizade. É o amor que se alegra com o amigo e a amiga, assim como eles são. Fica satisfeito com a presença, em estar ao lado. O amor de amizade sempre foi cantado e exaltado pelos gregos como um amor de alto valor. De fato, o amor de amizade tem forte poder de contentamento, de proporcionar momentos de alegria e felicidade ao ser humano.

> *O amor humano se purifica e se fortalece no amor de Deus*

O que percebemos é que somos falhos no amor, por isso nos enganamos. A experiência de amor que fazemos está sempre constituída de realização e engano, de acertos e erros. As experiências humanas se traduzem em realização e sofrimento, em momentos de plenitude, de exultação e de fracassos e traições. Assim sendo, necessitamos proximidade com a fonte do amor, do amor Ágape. Deus está sempre oferecendo esse amor, desde sempre e sem cessar. Aí flui amor. O amor Ágape não tem falhas nem carências.

Embora Ágape, Eros e Philia sejam diferentes, são complementares. O amor fonte é um só. Dele nascem os outros amores. Ágape, que é o amor de Deus, nutre Eros, que é o amor que deseja a outra pessoa, e nutre Philia, que é o amor de amizade. Philia e Eros precisam sempre da fonte divina para se alimentar e se fortalecer. A proximidade com Deus desperta, assim, a vida para uma proximidade maior com as pessoas. Na contemplação do Ágape, o amor humano, Eros e Philia, se purificam. O amor humano se purifica e se fortalece no amor de Deus. O amor a Deus e à pessoa humana, por isso, não se opõem. Não preciso decidir-me se vou amar a Deus ou as pessoas. Amo a Deus na medida em que amo as pessoas, e amo as pessoas na medida em que amo a Deus. O amor cresce nesse movimento de ida e volta. Por isso, ame muito, com intensidade, sem medo de perder!

O amor e o jeito de se relacionar

A vida precisa de relacionamentos. Quem se isola, vai matando a vida. Somos feitos para o encontro e não para o isolamento. O casamento também é relacionamento. O jeito como a pessoa age vai fortalecendo ou não a relação. É muito importante perceber-se no modo de proceder, de agir, de tratar o outro. No casamento, parece que valem as coisas simples. Os pequenos gestos que expressam amor e carinho uns pelos outros, aqueles que demonstram preocupação e atenção, esses parecem ser muito importantes para manter o relacionamento. Gestos que fazem a pessoa dizer no seu coração: "Ele se lembrou de mim"; "Nesse presente, ela lembrou daquilo que eu gosto". No relacionamento é importante cada um perceber-se único e valorizado. Para isso, é preciso demonstrar parceria nas atividades. É essencial que, em algum momento, eu sacrifique alguns dos meus gostos para valorizar o gosto do outro. "Não gosto muito de futebol, mas, pela alegria dele, hoje vou ao estádio." "Não gosto de ir ao shopping, mas hoje vou lá com minha esposa, porque para ela é importante." Ainda, o relacionamento deve ter espaços de liberdade.

Cada um pode ter seus momentos com as pessoas de que gosta e também com atividades ou ambientes. Essa liberdade deve estar sustentada pela confiança.

> *O amor é fortalecido ou se extingue pelo jeito como nos relacionamos.*

Quando os gostos de cada um entram em permanente tensão, com o tempo as coisas podem complicar-se. As pequenas atitudes positivas somadas fortalecem o amor e mantêm o relacionamento vivo. E as pequenas atitudes negativas, de cobrança, de crítica ou desatenção, quando somadas, vão envenenando os relacionamentos.

Diante disso, cada um deve perceber o que faz para fortalecer o amor em suas relações. Quais são minhas atitudes? Estou realmente certo em meu proceder? Sei valorizar o outro, suas qualidades? Sei corresponder aos seus gostos, sei agradar, ou isso só acontecia lá no início? Pensemos bem. O amor é fortalecido ou se extingue pelo jeito como nos relacionamos.

O desejo de amar e ser amado

Todos buscamos o amor. Desejamos amar e ser amados. Por que então as pessoas ficam tão feridas pelo amor? Não é possível arrancar em nós o desejo de amor. Ele está arraigado no coração humano. Quando uma pessoa fica enamorada por outra, de alguma forma, ela fica enfeitiçada. Passa a ver a outra pessoa como a mais perfeita. Tudo no outro parece lindo. É a experiência do amor-paixão que se manifesta em desejo pela outra pessoa.

Sem amor a vida seria essencialmente pobre. O ser humano não faz experiência de plenitude sem o amor. Porém, sabemos que a experiência do amor também pode escorrer pelos dedos. Nem tudo é somente reluzente quando falamos de amor. Ele pode provocar ferimentos profundos. O amor traz consigo também doses de verdadeiro sofrimento. Isso, porém, não depõe contra o amor. O que precisamos é cuidar para que o amor não se transforme em caos e dor, ou seja, cuidarmos para que ele dure, fortaleça-se e purifique-se.

O amor não deve ser confundido com o sentimento. O sentimento é uma experiência mais superficial, menos comprometida e facilmente passageira. Tenho sentimento por aquela pessoa. Sinto sua presença como agradável e prazerosa. Essa experiência, presente em muitos relacionamentos, se demonstra mais imediata e descomprometida. É o encantamento que pode passar, se não se transformar em amor comprometido. O amor é diferente. Quando eu amo alguém, comprometo-me com essa pessoa. Quero permanecer com ela. Minha atitude é de entrega e ao mesmo tempo quero que essa pessoa, acima de tudo, seja feliz. Estou intensamente comprometido com ela. Por isso, o amor de enamoramento precisa ser transformado em amor de compromisso. Se isso não acontecer, o encantamento passa.

> *Somente o amor pode abrir caminho para uma verdadeira e duradoura felicidade.*

Essa transformação do amor implica aceitar a outra pessoa como ela é. Muitas vezes, sobrepomos às outras pessoas as nossas próprias imagens. Ao invés de amarmos a pessoa, amamos a imagem que dela fizemos através de nossa projeção. Não estou vendo a outra pessoa, e sim a imagem que eu fiz dela. Essa imagem é construída especialmente no enamoramento. O amor, porém, ama a outra pessoa como ela é, com acertos e erros, com qualidades e defeitos. O amor é mais consciente e realista, e é ele que nos faz transpor obstáculos. A psicologia compara que, em muitos casos, a pessoa ama mais a imagem que fez da outra pessoa do que aquilo que ela realmente é.

Amar a outra pessoa como ela é não é fácil. É preciso renunciar a todas as ilusões que fizemos a respeito dela. Ainda, amar é acolher a outra pessoa não somente naquilo que ela tem de maravilhoso, mas naquilo que ela tem de pequeno, feio e medíocre. E é exatamente o tempo que vai revelando isso. O amor de encantamento tende a não perceber isso. O amor não é felicidade sem fim e não existe amor sem sofrimento. Contudo, o amor acolhe a outra pessoa em toda a sua realidade.

O amor pode ferir, mas também é o melhor remédio de cura. Ele não é uma alegria eterna, imune ao sofrimento. Porém, somente ele pode abrir caminho para uma verdadeira e duradoura felicidade.

O amor muda a vida

O amor é a força que faz o pensamento e a atitude moverem-se na direção dos que se sentem abandonados, sozinhos, sem esperança e sem vida. Claro, então nos perguntamos: existem muitas ou poucas pessoas que de fato amam? A nossa sociedade parece individualista. Nós até amamos, mas tendemos a amar as pessoas que são do nosso grupo, dos nossos relacionamentos, mais parecidas conosco. Chegar à periferia do mundo, da dor, do abandono, é sempre muito mais difícil. Esse termômetro do amor, porém, deve continuar. A natureza do amor é sempre um desafio para irmos além daquilo que fazemos, para quebrar o circuito mais cômodo dos nossos relacionamentos e, ao menos, termos no horizonte um pensamento aberto e solidário para com as situações mais exigentes e difíceis. Jesus foi o Mestre insuperável que manifestou esse nível de amor. Amou os mais débeis, os abandonados, os inimigos.

O amor também quer fazer a palavra chegar ao coração que sofre pelas memórias do passado, das feridas não curadas, do perdão não recebido nem concedido. O amor chega à dor da rejeição e do desprezo da dignidade humana, à dor do fracasso, da injustiça. Lá onde a injustiça prevaleceu, lá onde a ausência de presença não amparou. O amor é a presença de cura que supre as ausências.

Na infância é muito comum a experiência da proximidade do amor. Quando nos machucávamos, a presença da mãe e uma simples palavra de acolhida já nos faziam recuperar a segurança e nos aliviavam a dor. Que poder é esse que a simples presença já acalma a dor? É o amor desinteressado, comprometido em ajudar e salvar. Parece até um passe de mágica. Ocorre mesmo que a dor maior é sempre a ausência do amor. Não ter quem amar, não se sentir amado por ninguém é o maior sofrimento. Essa ausência do amor é a maior doença. Isso é tão verdadeiro que alguém que sofre de doença grave e vive a angústia pela doença recebe alívio e amparo inigualáveis quando pessoas amorosas estão ao seu redor.

> *O amor é a presença de cura que supre as ausências.*

Por isso, deixe-me dizer para você: não perca a oportunidade de amar! Aprenda e reaprenda a amar! Queira amar mais! O amor não lhe tira nada. Ele o torna grande. Diga para a sua mente: "Pronto, já passou". Aquele ferimento passou. Não fique murmurando, perdendo-se em contínuas lamentações. Elas não o fazem andar. Elas paralisam e envenenam. As suas noites maldormidas precisam passar. Deixe-as para trás e perceba o amor que Deus lhe oferece. Não continue alimentando fantasmas interiores, preocupações e medos. Você é capaz de dar a volta por cima nessa fase de desamores e frustrações.

É dia de voltar à vida. Admita a possibilidade do seu erro e perdoe o erro do outro. A vida é assim mesmo. Todos erramos, mas não somos obrigados a permanecer no sofrimento causado pelos erros. Jesus nos ensina a levantar. "Levanta-te e anda. Eu não o condeno." Perdoe a si mesmo e os outros, independentemente do tamanho do erro. Deus é maior do que toda culpa. O amor que ele oferece é grande, capaz de invadir de tal forma nosso coração que recupera e renova tudo. Com isso, podemos sorrir novamente, sorrir de verdade. Esse amor de Deus vai possibilitar a você fazer bem todas as coisas. Você não mais viverá julgando e cobrando os outros. Você vai estar preocupado em fazer com amor todas as coisas. Busque fazer o bem e estender a mão. Abandone as influências negativas, não se prenda a notícias desastrosas. Procure manter seu pensamento nas coisas boas da vida. Conjugue o verbo amar em todas as formas que puder para todas as pessoas.

CAPÍTULO 3
DEUS, EXPERIÊNCIAS E SENTIDO

O que o move todos os dias?

Todos precisam de motivação para fazer algo. Se eu estiver desmotivado, somente cumprirei as obrigações e suportarei o peso das atividades. Não farei por gosto, não serei criativo naquilo que faço, facilmente irei cansar e desmotivar outras pessoas que me observam naquela atividade. Há muitas pessoas que simplesmente cumprem tarefas. Não assumem o que fazem com amor nem colocam paixão.

Ora, trabalhar e não colocar paixão será um problema para a empresa e, a longo prazo, para mim mesmo. Logo aparecerá outro que desempenhe com gosto e vontade aquela tarefa. Provavelmente, na primeira oportunidade serei substituído. Porque pessoas desmotivadas trazem prejuízos a si mesmas, aos outros e à sociedade. Quando não dou o melhor de mim, alguém deixa de ganhar, de crescer, de ser melhor. Não me estou referindo a pessoas limitadas, que não atingem grandes resultados, mas dão o máximo de si. Não é o empregado de dois talentos, que faz pouco, mas mesmo assim multiplica os talentos. Falamos do empregado que ganhou dez, cinco, dois ou um talento, mas os escondeu por medo. Não rende, não se desafia, não busca crescer. Estabilizou no básico. Considera que já faz a sua obrigação e até diz: "Só ganho pra isso". Poderíamos perguntar: será que um salário mais alto compraria o "espírito" desse sujeito, motivando--o a dar o máximo de si? Seria dinheiro o que está faltando? O que se percebe é que normalmente não é assim. Uma pessoa motivada, criativa, com visão, interessada e aplicada numa tarefa ou numa causa tem motivações mais profundas. Se a motivação vier apenas do dinheiro, será preciso aumentar sempre mais e a cada pouco.

> *Quem tem força interior, paixão pela vida, empenho no viver, consegue fazer a diferença e deixar muito mais marcas positivas.*

A motivação que faz a pessoa ser inovadora, criativa e trabalhar com paixão é algo não quantificável nem de fácil descrição. Não é fácil descrever a fonte interior que nos move, uma vez que é não é única. Depende da história, da formação, das experiências feitas, do ambiente que se vive, dos sonhos que se alimenta e muito mais. Somos o resultado de muitos processos e de várias experiências e pessoas que nos formaram. Os detalhes também são importantes. Tanto que muitas vezes temos dificuldades para descrever por que alguém é tão criativo e disposto e outro é tão acomodado e não rende. Podemos dizer que isso provém de seu ambiente e de sua formação, mas nem sempre essa explicação é suficiente.

O importante diante disso é cada um perceber em que nível de paixão e empenho está naquilo que faz. Claro que aqui o campo de verificação pode se alargar em todas as dimensões da vida. Isso porque aquilo que somos no trabalho poderemos ser na família, na comunidade, no clube, na igreja, com amigos, com os filhos, com a esposa ou esposo, no cuidado conosco mesmos e assim por diante. Não é fácil equilibrar todas as dimensões da vida. Isso também é uma arte. Porém, o que se percebe é que a pessoa que faz seus talentos produzirem frutos consegue o mesmo nas várias dimensões. Quem tem força interior, paixão pela vida, empenho no viver, consegue fazer a diferença e deixar muito mais marcas positivas.

Afinal, o que me move? Vivo a vida com paixão? Responder estas perguntas a mim mesmo é uma tarefa. Elas me levam a andar e buscar os fundamentos que me sustentam e me fazem viver disposto e decidido. Tenho a impressão de que a pessoa que esconde os talentos tem dificuldade de responder estas perguntas ou, talvez, novamente, não se interesse.

A força que está dentro de nós

Essa experiência nasceu de uma viagem aos Estados Unidos, precisamente à região de Boston, com passagem em Nova Iorque. Quando a viagem foi marcada, eu estava com pouca motivação. Embora goste de conhecer novos lugares, por vezes queremos cuidar daquilo que nutre nossa realização no ambiente onde vivemos. Alguns dias antes de ir, liguei para a pessoa que marcou nossos trabalhos nos EUA e, depois da conversa, disse para mim mesmo: "Vai ser muito bom!". E realmente foi muito bom! Conhecer culturas diferentes, locais significativos, escutar pessoas e trocar experiências de vida e de sentido enriquece nossa vida e amplia horizontes para novas compreensões e renovados posicionamentos diante da vida.

Fui e celebrei, cantei e preguei para comunidades brasileiras. Existem muitos brasileiros nos EUA. Mantêm as tradições religiosas, sendo que a religião se torna um fator de integração e de conservação da identidade e de apoio nas dificuldades. Pela comunidade e pela participação na celebração, as pessoas saem do anonimato, tão presente no povo americano e também naqueles que deixam o Brasil em busca de construir sua vida e sua realização. Ali, é possível dizer, estão sozinhos. Deixaram família e parentes e na nova terra precisam encontrar pessoas que "falem a mesma língua" para se sentirem amparadas e fortalecidas mutuamente em buscas semelhantes; afinal, todos tiveram coragem de sair de sua pátria em busca do novo e do desconhecido. O desconhecido sempre produz medo e insegurança. Muitas pessoas não conseguem enfrentá-lo. Permanecem "no mesmo". Ali se sentem mais "em casa" e seguras. Embora muitas vezes não seja confortável ficar em casa, mesmo assim, não se arriscam em sair.

> *Conhecer culturas diferentes, locais significativos, escutar pessoas e trocar experiências de vida e de sentido enriquece nossa vida e amplia horizontes para novas compreensões e renovados posicionamentos diante da vida.*

De tantas coisas que vi e me tocaram, partilho hoje uma apenas. Fui acolhido para um café da tarde pela Ivone e pelo Mark. A Ivone saiu há dezesseis anos de Santa Catarina para os EUA em busca da cura do seu câncer de mama. Onde morava, compreendia ter poucos recursos. Saiu sozinha, sem saber falar inglês, com dificuldades enormes de comunicação, mas com um objetivo claro: "O câncer não vai me vencer!". Fragilizada pela doença, enfrentou o câncer, a solidão, a saudade dos familiares e amigos, as dificuldades próprias de sair de casa e ir "vai saber para onde", em busca da cura. Ela se dispôs a submeter-se por longo tempo a testes de tratamentos e experiências novas da ciência médica em vista da cura. Enfrentou tudo o que se apresentou pela dureza da vida e pelas exigências de sua decisão de sair de casa e ir longe em busca do seu objetivo. Hoje Ivone está curada, casou com Mark, homem mais novo que ela, trabalha em oito restaurantes supervisionando colaboradores, curte os netos e manifesta uma satisfação interior de quem lutou e venceu. Quando me contou com detalhes sua história, parei para escutar e lhe disse: "Você é muito forte e um exemplo para todos nós".

Por histórias assim se pode pensar: como está a minha vida? Quais desafios e riscos enfrento para alcançar meus objetivos? Por vezes, não ficamos acomodados demais no "mesmo", sem enfrentar a vida e suas exigências? Desejo que esta partilha inspire todos nós a não nos acomodar.

Quando a doença questiona a fé

É comum ouvir de pessoas acometidas pela doença e pelo sofrimento a pergunta: "Por que isso aconteceu comigo?". Diante da doença levantam questões que, no fundo, desembocam em Deus. Querem compreender a causa de tal sofrimento, uma vez que sempre buscaram viver segundo a fé e agradar a Deus. No fundo, analisam a realidade a partir do princípio de que, quem tem Deus, não deveria adoecer. Esse pressuposto, no entanto, não está correto. Não é verdade que fazendo o bem, amando a Deus, buscando uma vida correta, garante-se ausência de sofrimento e de doenças. "Por que isso aconteceu comigo? Por que toda essa dor com nossa família? Eu não merecia isso." Estas perguntas e afirmações, partindo de um princípio distorcido, levam a conclusões erradas. Algumas conclusões terminam em distorções da própria imagem de Deus. Fala-se que Deus permite esse mal. Isso pode provocar ateísmo em alguns, pois questionam a onipotência de Deus, que poderia evitar a doença ou o sofrimento e não o fez. Outros, a partir da fé, aceitam a realidade compreendendo que, se Deus permitiu, é porque disso podem retirar uma lição, e esse é um sofrimento redentor.

Pois bem! Decorre disso então que a questão seria a falta de fé? Seria a fé a resposta para todas as perguntas e para essa suposta "permissão" de Deus?

Não creio que se possa resolver o problema com uma resposta afirmativa. Certo é que, para aquele que tem fé, muitas perguntas e situações se acomodam e passam a ser aceitáveis. Porém, não podemos explicar a realidade somente a partir da fé. A compreensão da realidade, a linguagem que utilizamos, devem partir de uma base comum, que responda a todos. O problema dever-se-ia resolver para aquele que crê e para aquele que não crê. A base explicativa deveria ser a mesma, uma vez que o sofrimento atinge a todos, crentes e não crentes.

> *Para aquele que tem fé, muitas perguntas e situações se acomodam e passam a ser aceitáveis.*

Diante disso, a compreensão para o problema da doença e do sofrimento deveria partir da própria existência da possibilidade da dor e não relacioná-la, de imediato, com Deus. A doença e o sofrimento podem acontecer a todos nós. Ou melhor, todos em algum momento somos atingidos pelo sofrimento e pela doença. A possibilidade do sofrimento está enraizada em nossa finitude e em nosso limite. Ninguém vivo, absolutamente ninguém, consegue se livrar dessa condição de finitude. E é exatamente isso que deixa sempre aberta a porta de possibilidade para o sofrimento e a doença. E essa dor pode entrar a qualquer hora, quando menos esperamos. O que a desencadeia são causas da própria natureza do ser humano e de sua interação com o ambiente. Não preciso dizer que Deus permite não só porque isso é inadequado mas também porque não há entre Deus e o sofrimento nenhuma relação de causa e consequência. Deus não causou nem permitiu que acontecesse tal mal. Ou melhor, em nenhum momento e em nenhuma situação ele é causa e permissão do mal.

Quando faço a pergunta "por que isso aconteceu comigo?" devo, portanto, perceber que a dor entra em nossa vida porque somos criaturas finitas e que, embora estejamos sempre sob a proteção de Deus, a porta do sofrimento também está sempre aberta e ele poderá entrar. Essa entrada não significa que a proteção de Deus deixou de estar conosco e que não estamos mais sustentados pela sua graça. Deus, que está sempre lutando contra o mal e, mais ainda nessa hora, estará conosco nos ajudando a enfrentar a dor.

Suicidou-se por esse motivo! Isso é razoável?

Ouvi há pouco tempo esta história: um líder que dava consultoria para uma empresa foi chamado na casa dos donos da empresa. Estavam desolados, com o coração partido e profundamente tristes. Um dos filhos havia se suicidado. Jovem, inteligente, de bons relacionamentos, decidiu pôr um ponto final em sua vida. A empresa era destaque nacional no ramo. Os pais estavam o tempo todo envolvidos com os negócios. O outro filho foi buscar a agenda do irmão e mostrou ao consultor. Na semana seguinte da sua morte estava agendada uma conversa com o consultor, para que este pudesse orientar a carreira do jovem. Ele também ficou com o coração ainda mais triste, pois havia se tornado amigo da família.

Diante de casos assim, o que fazer? Quais as respostas que podemos dar? Ou não há respostas e precisamos apenas aceitar? Poderíamos perguntar: o que faltou? Terá faltado amor, atenção a algum sinal? A família ter-se-ia dedicado muito ao trabalho e esquecido do filho? Seria razão suficiente para alguém tirar a própria vida?

Vejamos! Temos necessidade de encontrar respostas e justificar as coisas. É uma forma de acalmar o coração, mesmo que, por vezes, nos sobrecarregaremos de culpa. A família poderia assumir toda a culpa, dizendo: "Falhamos". Seria esse o melhor caminho? Não sei se isso basta. Claro, perceber nossos erros e melhorar é fundamental. Porém, todos erram. Fazer uma análise de como vivemos é importante. Muitas vezes deixamos a vida passar. Estamos preocupados com coisas que não são essenciais. Precisamos perceber se damos presença, tempo, amor, atenção e palavra a quem amamos. Essa revisão contínua de nossas atitudes é importante. Afinal, todos podemos crescer, nos tornar mais humanos e solidários com o sofrimento dos outros.

> *Todos podemos crescer, nos tornar mais humanos e solidários com o sofrimento dos outros.*

Embora tudo isso seja importante perceber, nada justifica que alguém tire a própria vida. Não há justificativa inteligente e razoável que diga: "Ele tirou a vida por esse motivo". Sim, para ele pode ter havido motivo, mas isso não justiça a ação. O suicídio será sempre injustificável. Nada, nenhum problema, nenhuma angústia, nenhuma ausência ou carência, dá a alguém o direito de tirar a própria vida.

O que cura um coração machucado?

Estava presente numa audiência do Papa Francisco, na Praça de São Pedro, quando ele mesmo fez esta pergunta: o que cura um coração machucado? Se tivermos atenção com a vida, perceberemos que há muitos corações machucados. Feridos pela vida, pelas alfinetadas recebidas, pelas escolhas atravessadas, pelas marcas que a história deixou. Todos somos em parte feridos. Ninguém é isento. O problema é maior quando essa ferida não sara. Então ela dói. Os remédios não curam. Buscas são insuficientes. As palavras, as pessoas, o dinheiro, a fama e outros prazeres e promessas não conseguem curar. Quando isso acontece, a vida pode se tornar insuportável. A pessoa prefere não viver.

Vivemos num tempo de facilidade em encontrar pessoas, oportunidades de crescimento, mobilidade, interesses que apontam para todos os lados. O mundo das possibilidades também precisa ser o mundo onde a vida se constrói. Diante do turbilhão de ofertas, não podemos esquecer que o coração necessita de respostas e de sentido. Não basta estar aí. É preciso estar aí com consciência. Nessa questão, muitos se perdem.

São jogados por todos os lados pelo mundo das ofertas e possibilidades. São pessoas desencontradas. Longe de si mesmas. Longe de sua interioridade e de sua alma. O seu corpo está aqui, mas elas estão sei lá onde. Não estão em paz com nada. Essa situação fere, machuca o coração, traz angústia e sofrimento. O que vai curar um coração ferido pelos desencontros?

> *O amor é o verdadeiro médico e remédio para a vida que quer viver curada.*

A resposta vem do próprio Papa: "Só o amor consegue curar um coração ferido". O amor é a força de cura. Ele tem capacidade de nos trazer de volta. No amor, corpo, interioridade e alma permanecem juntos. Eu estou aqui, comigo mesmo, e minha alma está comigo. Aqui a vida fica curada. Isso não significa o fim dos sofrimentos. Mas, no amor, a alegria é maior do que a dor. Ele nos ensina a suportar a dor. Longe do amor, aquilo que machuca pode se tornar insuportável. Por isso, o amor é o verdadeiro médico e remédio para a vida que quer viver curada. Essa é a tarefa: AMAR. Mas como fazê-lo? Essa descoberta é tarefa sua, minha e de todos aqueles que querem viver de verdade.

O valor que tenho independentemente da doença ou da culpa

Somos frágeis, vulneráveis. Qualquer doença um pouco mais prolongada pode nos tirar do ritmo normal e nos paralisar, impossibilitar de prosseguirmos a vida com as metas e o ritmo que havíamos estabelecido. Diante disso, questionamos a nossa utilidade, ou melhor, o nosso valor. Se não posso produzir mais nada, que valor eu tenho? Será que o meu valor se firma em minha capacidade de produzir? Certamente, não podemos deduzir o nosso valor disso. O meu valor não consiste na utilidade que tenho para as pessoas ou para alguma coisa. Consiste, sim, na dignidade que tenho como pessoa humana, independentemente de ser fraco, velho, doente, pobre ou desempregado. É natural que eu queira estar bem e forte para mostrar o meu valor às pessoas e a Deus. É normal querer estar bem, ser útil, trabalhar e contribuir para o desenvolvimento da vida, mas isso, por vezes, não é possível.

Se vier a doença, precisarei me reconciliar com ela. Então mostrarei que a vida tem um valor imenso, pois na reconciliação com a doença testemunharei a existência de um amor infinito. Dizendo "sim" à minha doença me reconcilio com Deus, me abro ao seu amor, e, então, terei mais condições e possibilidades de cura. Se eu ficar raivoso com a minha situação, me revoltar com as pessoas e com Deus, por causa da doença, então ficarei ainda mais doente.

Não é bom para mim e para a minha cura que eu fique protestando o tempo todo contra a situação de doença em que me encontro. Também não é edificante que eu rejeite ou não aceite o cuidado que recebo diante da minha doença. Existem casos em que a pessoa vai precisar da outra pessoa para um cuidado permanente. A doença me paralisou inteiramente. Não consigo fazer nada sem ajuda.

> *Deus me faz ser único, digno,*
> *amável e de muito valor.*

Diante dessa situação eu posso perceber um valor inviolável da vida. A vida é muito mais da nossa utilidade, de nossa força. Está fundada no valor supremo do amor. Posso perder tudo, ser incapaz de fazer qualquer coisa, até mesmo perder a consciência. Se isso acontecer, de alguma forma perco até mesmo a capacidade de amar. Isso, porém, não tira do outro, de quem me cuida, da minha família, a possibilidade de me amar. A possibilidade do amor continua dando valor à minha existência. E se acaso todos me abandonarem, até eu a mim mesmo, ainda há um amor que não desiste, que é o amor de Deus. Ele continua me fazendo ser único, digno, amável e de muito valor.

Nessa pessoa que precisa de cuidados há uma história, um rosto, um coração, uma alma que eu não posso alcançar. Ali mora um valor inviolável. No cuidado, no respeito, no amor que eu tenho por essa pessoa doente, dignifico a mim mesmo. Nisso expresso a fé no valor da vida e da dignidade, mostrando que não há doença ou culpa que retire a dignidade. Uma pessoa doente pode, por isso, tornar-se, na sua doença, frágil e débil, um indicador de vida para nós. O doente e o culpado não perdem o seu valor de pessoa. O amor de Deus sempre será o sustento último e irrevogável de sua dignidade.

O ladrão da vida: a morte

Carregamos a noção de que existe hora da morte. Facilmente ouvimos a expressão "era hora dele". Isso, provavelmente, decorre da ideia de que Deus é o dono da vida. Dizer que Deus é dono da vida é uma ideia verdadeira, mas tem consequências e, por isso, precisa ser refletida, porque não pode contradizer outras ideias acerca de Deus e da vida igualmente verdadeiras, como a de que Deus nos cria por amor, nos dá liberdade total e a tarefa de construir a vida. Então, dizer que ele é dono da vida pode gerar o entendimento que define tudo: dá a vida e tira a vida. Essa é a conclusão natural da ideia de que Deus é dono. Se é dono, ele manda, faz o que quer, determina com sua vontade a ordem das coisas, marca e define a hora de nossa morte. Isso passa a ser uma convicção evidente. Porém, embora pareça simpática, não é verdadeira. Isso choca com a ideia de liberdade. Deus nos criou livres. Se respeita nossa liberdade em todo o processo da nossa vida, por que nos tiraria a liberdade marcando a hora da nossa morte? Ele é autor da criação, autor da vida, mas nos criou livres.

A liberdade nos dá condições de construirmos nossa vida. Somos responsáveis pela nossa construção. Podemos cuidar ou não da nossa vida. Podemos ter vida longa ou não, conforme o nosso cuidado, a nossa genética e tantos outros fatores que não podemos controlar. A parte que sai do nosso controle está entregue à natureza e às circunstâncias. Posso dizer: "Aquela pessoa se cuidava muito e morreu cedo". Ou "aquele não se cuida e está aí vivo e forte". São exatamente as circunstâncias múltiplas que fogem ao nosso controle que têm peso em muitos casos. Porque estão fora do nosso controle, não significa também que Deus esteja controlando. Elas fazem parte da própria natureza das coisas. O que interessa é aquilo que podemos controlar e assumir como responsabilidade nossa. A vida consciente e responsável exige cuidado em todas as dimensões. Podemos cuidar do corpo, da mente e do espírito. Cada uma dessas dimensões traz suas exigências. Para cuidar do corpo é preciso boa alimentação, disciplina e hábitos saudáveis. A mente e o espírito também exigem práticas e cuidado. Se não fizer nada, pouco crescerei nessas áreas.

> *A vida consciente e responsável exige cuidado em todas as dimensões: do corpo, da mente e do espírito.*

Isso mostra que podemos controlar uma parte da vida através do nosso jeito de viver. Podemos prolongar e muito a vida. Mas, quando falamos de vida, estamos sempre falando de algo frágil. Não há garantia definitiva em nada. Não dá para dizer: "Viva dessa forma e viverá muitos anos". É possível dizer como motivação para a pessoa assumir um estilo de vida saudável, mas isso não garante que, de fato, viverá muitos anos. Há muitas coisas que fogem à regra e ao controle.

Diante da vida frágil está sempre o ladrão da morte. Quando Jesus fala para estarmos vigilantes e despertos porque não sabemos a hora em que o ladrão vem, é isso que ele quer dizer. Quem vive uma vida entorpecida e sem sabor, pode morrer sem estar consciente. Quem vive desperto, com amor e sabor, também pode morrer, mas, se acontecer, partirá feliz e não revoltado com a vida e com o mundo. Saber que podemos morrer é motivo para vivermos com intensidade todos os dias. O que importa mesmo é a qualidade dos nossos dias. Isso depende essencialmente do nosso jeito de viver. O ladrão da vida está na frente de todos, independentemente de como vivemos. Claro, queremos afastar com o máximo de nossas forças esse ladrão. Isso mostra que o ladrão da vida é a própria morte e não Deus, de quem de maneira errada continuamos a dizer que nos marca a hora da morte.

Não há luz sem cruz

Temos uma ideia comum de que a vida passa pela cruz. A religião cristã nos mostra que a ressurreição é precedida pela cruz. A vida é sempre vitoriosa, mas não acontece sem passar pelo sofrimento, pela morte. Essa ideia, por vezes, é complementada com a compreensão de que Deus nos dá cruzes. Ainda se ouve por aí este refrão: "Deus não lhe dá uma cruz maior do que você possa carregar". Essa ideia aparentemente piedosa é perigosa, ou melhor, mentirosa. Deus nunca deu cruzes para ninguém. Ele não dá cruzes. O que Deus mais faz é nos ajudar a sustentar a vida. Está conosco nos ajudando a carregar as cruzes para vencermos o sofrimento. Ele sustenta a realidade e a vida com seu amor. Nunca dá e nunca deu cruzes a ninguém.

A vida, porém, passa pela cruz, pela dor e pelo sofrimento. Não há quem não sofra, quem não experimente a força do limite. Sofremos porque somos limitados e finitos. Somente a plenitude pode nos livrar do sofrimento. E não há plenitude enquanto estamos vivos neste mundo. Pleno significa completo, sem limite, sem finitude, sem carências, sem desejos, feliz por ser o que é, sem necessidade de nada além daquilo que tem, pleno na realidade em que está. Só a plenitude será uma realidade sem dor.

> *A vida é composta de luz e de cruz, de alegrias e de dor, de perdas e ganhos.*

Ocorre que o ser humano é finito, limitado, carente, sempre desejando algo mais, e quer a plenitude. Porque é limitado, passar pela dor e pelo sofrimento se torna uma realidade inevitável. Podemos aprender a lidar com os sofrimentos. Quem se rebela ou se revolta com o sofrimento, sofre mais. Para lidar bem com o sofrimento, a primeira coisa é perceber que a vida é composta de luz e de cruz, de alegrias e de dor, de perdas e ganhos. Não é correto pensar que é possível viver sem sofrimentos. Não posso anestesiar a dor com analgésicos o tempo todo. A dor existencial não se acomoda com remédios. Preciso encarar a dor, carregá-la, e carregar significa suportar o peso da dor. Não é possível se livrar da dor da vida, segundo a nossa vontade. Gostaríamos de não sofrer. Ninguém quer o sofrimento. Contudo, quando ele acontece em nossa vida, precisamos saber que é um peso que temos de carregar, suportar. Esse peso também pode ser compartilhado com quem amamos e com Deus, em quem podemos confiar. Porém, fundamentalmente a dor é algo meu, intransferível, com que posso aprender a lidar de um jeito inteligente, para que me seja menos pesada e suportável. Quem não aprende a lidar com a dor, não conseguindo carregá-la, pode ser esmagado pelo peso do sofrimento e até desistir da vida. Nessa hora a pessoa pode dizer que a cruz lhe é pesada demais, insuportável.

Aprender a lidar, suportar, carregar a dor é passar da cruz à luz. Viver a vida de forma consciente e de maneira inteligente significa assumir esse processo o tempo todo. Com mais ou menos intensidade, todos passamos pela dor e também experimentamos a alegria da superação. Essa é a construção da vida que se faz na aprendizagem constante entre perdas e ganhos, dores e alegrias, cruz e luz.

A religião proíbe o que é bom

É possível ser feliz fazendo simplesmente tudo o que se deseja? A religião quer mostrar o caminho da felicidade duradoura, e não da felicidade imediata. Para uma felicidade duradoura, o ser humano precisa viver de acordo com sua natureza e sintonizado com Deus. O prazer momentâneo, como já diz o nome, é do momento. A longo prazo, pode estragar a alegria e a satisfação. Divertir-se, curtir, também é importante e traz satisfação. A alegria verdadeira, porém, alarga o coração da pessoa e lhe faz bem. Pela diversão simplesmente posso dispersar-me, ficar saltando de um ambiente para outro sem encontrar paz. Então, os encontros com as pessoas não exercem uma função curativa. Ao invés de ficar com o coração mais preenchido, fico vazio. Naquela diversão, não estava inteiro. Quis desfrutar de algo que não encontrei.

Será essa linguagem própria da visão negativa da religião? Por exemplo, sabemos que, segundo a religião, a sexualidade e o prazer têm uma conotação um tanto negativa. Isso, porém, não está de acordo com a espiritualidade judaica nem cristã. O prazer do encontro entre homem e mulher é cantado no Antigo Testamento como presente de Deus. É importante recuperarmos a visão positiva do prazer, da alegria e da satisfação que estão presentes na Bíblia. Não podemos simplesmente colocar pesos sobre os ombros das pessoas. Claro, não se pode esquecer que o prazer e a sexualidade são também pontos de fragilidade. Sem autocontrole esvaziamos o coração. É possível nos encantarmos com a sexualidade e também nos machucarmos. Existem pessoas muito marcadas pelas feridas de uma sexualidade não autocontrolada.

> *Para uma felicidade duradoura, o ser humano precisa viver de acordo com sua natureza e sintonizado com Deus.*

Nesse sentido, a religião não quer simplesmente proibir. Chama, sim, atenção para o jeito certo de viver o prazer e a sexualidade. Há muitos desejos e sentimentos que, quando não administrados pelo "eu", podem trazer muito sofrimento às pessoas. As religiões tentam colocar essas proibições, exatamente, para que não vivamos do impulso, mas demos atenção àquilo que nos pode ferir. Todos querem uma felicidade duradoura, por isso, não desanimemos diante de alguma proibição vinda da religião. As religiões conhecem bem os seres humanos e sabem quais seus pontos fracos e fortes.

Deus se interessa por nós: o que agrada a Deus?

Santo Irineu afirmava: "A Glória de Deus é o homem vivo". Essa frase é uma intuição verdadeira e nem sempre explorada nas suas consequências. O que diz na verdade esta frase? Ela diz que não tem sentido buscar Deus senão para encontrar a plenitude. O Deus que eu amo e aprendo a amar precisa ir melhorando aos poucos a minha vida, tornando-a mais plena. Isso não deve soar como exigência nossa para com Deus. Ou seja, não no sentido de que, se eu amo a Deus, ele tem que ir me melhorando, me ajudando, mas sim de que a minha relação com Deus precisa desenvolver em mim um processo gradativo de melhora, um pouco por dia. Não teria sentido buscar a Deus, se isso não trouxesse mais plenitude à vida de quem o busca.

A sensibilidade para perceber isso vem da afirmação de um jovem: "Que diferença Deus faz na vida das pessoas? Vejo gente a buscá-lo e, no entanto, não demonstram atitudes de amor nem me parecem pessoas melhores. Se a busca de Deus não faz nenhuma diferença, prefiro continuar vivendo a minha vida, vivendo a fé do meu jeito". Essa é uma manifestação que revela uma intuição profunda e está de acordo com a sensibilidade atual. O Deus que buscamos, na sua oferta de amor, deve me tornar mais humano, e não mais raivoso e desumano. Nesse sentido, o quanto humano sou sempre passa pelo crivo dos outros. Eu posso me achar humano e bom, mas quem precisa dizer isso de mim são as pessoas que se relacionam comigo.

> *Não teria sentido buscar a Deus, se isso não trouxesse mais plenitude à vida de quem o busca.*

Outro aspecto importante que complementa esse pensamento é o fato de que Deus não é religioso. O interesse primeiro de Deus pelo ser humano não está na dimensão religiosa. Está, sim, no ser humano concreto e inteiro. A Deus não interessa somente a experiência do sagrado que as pessoas fazem, considerando todo o resto profano. Isso significa dizer que Deus fica contente comigo quando estou rezando, e quando estou fazendo coisas que não estão ligadas ao sagrado, ao religioso, aí Deus não se interessa. Essa compreensão seria um espiritualismo que se expressa bem nas afirmações que por vezes ouvimos, de que para vivermos em Deus precisamos fugir do mundo. Não, não é verdade. Deus nos chama a viver com a máxima qualidade a nossa vida aqui na terra. Esta vida, com todas as dimensões, corporal e espiritual, individual e comunitária. Vivendo bem esta vida, com intensidade, com amor, já experimentamos o que é a eternidade.

Não seria um pouco essa a alegria e a glória de Deus? Deus se alegra e é glorificado em tudo aquilo que fazemos para levar a nossa vida, a vida de nossos irmãos e a criação inteira mais próximas da plenitude. Toda ação humana que diminui o ser humano, que o afasta do caminho da plenitude, que impede a criação de recriar-se em direção ao melhor, não é glória para Deus. Diante disso, alargamos o leque daquilo que agrada a Deus e, então, podemos dizer que Deus não é religioso. Ou seja, ele não valoriza somente aquilo que é religioso. Certamente, o que é autenticamente religioso o agrada muito, mas o seu interesse primeiro está na vida inteira das pessoas e da criação. Só assim Deus consegue alcançar a todos.

Deus sabe dos meus sofrimentos, mas espera para me dar a graça?

Fico pensando qual a ideia de Deus que está por trás de pregações que fazem afirmações do tipo: "Deus sabe do seu problema, da sua angústia, mas ele tem o seu tempo, que é diferente do nosso. Ele lhe dá a graça no tempo certo, que é o tempo dele". Essa ideia traz presente a liberdade de Deus. Ele é livre, faz o que quer. Ocorre que essa compreensão também faz pensar que Deus sabe do nosso problema, poderia ajudar a solucioná-lo, mas espera o quanto quer, no tempo dele, para ajudar. Como somos filhos, pela fé, devemos aceitar suas condições e vontades, afinal, ele é Deus. Essa é uma ideia interessante. Da nossa parte, como não sabemos dos mistérios de Deus, aceitamos seus propósitos e suas vontades.

Ocorre que nascem aqui muitos porquês. Deus poderia fazer algo logo e não o faz. Por quê? Até se cria uma imagem de Deus difícil de aceitar para quem não se deixa levar pela fé. Muitas pessoas terão dificuldade de aceitar esse Deus que espera para dar a graça, e poderão pensar em viver por si mesmas.

Eu fico pensando nisso e me parece que seria melhor pensar Deus a partir de outro ângulo. Será Deus que espera ou será o ser humano que tem seu processo, seus limites, sua dificuldade em acolher a graça de Deus? O ser humano tem suas inconsistências, limites, dificuldades de perceber e acolher o amor e o bem. Se dizemos pela teologia que Deus é graça agora, *Kairós*, não podemos afirmar que ele espera. Uma coisa contradiz a outra. Afinal, ele espera ou oferece a graça agora?

A compreensão de que Deus espera pode estar baseada na ideia de que os problemas não se resolvem agora, por isso, imaginamos que há o momento certo para a resolução. Ainda, nasce da ideia de que o ser humano nem sempre consegue acolher a graça. Há momentos em que ele não está aberto à graça. Deus esperaria o momento oportuno para oferecer a graça. Assim, nessa hora o ser humano acolhe a graça e a situação se transforma. Esse modo de ver até parece interessante, mas não resolve o fato de que é Deus quem espera para dar a graça. A imagem de Deus fica afetada. Para as pessoas que têm fé, isso não é problema, mas, para alguém mais crítico, é um problema. Se Deus pode resolver, se tem a graça que resolve e cura, então, que o faça logo, e não deixe a pessoa sofrendo; afinal, ele não é amor?! Se Deus é *Kairós*, graça agora, podemos dizer que em nenhum momento ele deixa de oferecer a sua graça. Em nenhum momento ele retira o seu sustento para o ser humano. Em nenhum momento ele deixa de ajudar ou deixa sofrer, quando poderia evitar esse sofrimento. Embora Deus esteja oferecendo a sua graça agora, nem sempre o ser humano consegue acolhê-la. É o ser humano que não consegue, e não Deus que espera. É o ser humano que precisa fazer seu processo de superação do problema ou da angústia, e não Deus que o deixa sofrer. É o ser humano que é limitado e tem dificuldade de perceber a presença de Deus, que está ali querendo agir agora.

Uma coisa, porém, precisamos aprofundar. Não é simpática a ideia de que Deus espera o momento oportuno para oferecer a graça? Sim, de fato é. Deus sabe tudo e não se engana. Ele não joga para perder. Ele dá a tacada certa. Porém, pensar assim é pensar que Deus age só pontualmente, e não que sustenta o mundo o tempo todo com seu amor. A ideia que está por trás é que, como o ser humano não está preparado para acolher a sua graça, Deus se ocupa de outras coisas e outras pessoas e no momento certo ele vem e age. Provavelmente, Deus não é assim. Ele está sempre agindo e oferecendo sua graça a todos. No momento em que o ser humano acolhe a graça, não é porque Deus agora veio e agiu. O Deus que sempre esteve ali agora é acolhido pelo ser humano. O Deus que não se cansa de esperar e ofertar a graça, nunca se retirou. Mesmo que o ser humano o rejeite, ele está ali à espreita, como oferta gratuita de amor. O ser humano, porém, só agora conseguiu acolher essa graça e essa força de Deus nele. Deus sofre a espera da dificuldade e dos fechamentos do ser humano.

> *Deus sofre os nossos distanciamentos, os nossos fechamentos e nossas demoras, mas jamais se retira com sua oferta de amor.*

Pensar assim é ver Deus como graça agora, o tempo todo, oferta de amor. Não é ele quem espera, nem se retira, nem vem agir só no momento oportuno. Deus não precisa desocupar-se de alguém para agir em outro. Ele não precisa abandonar um filho, porque este não o quer, e voltar só quando decide querer. Embora esteja com sua presença de amor agindo no filho que o quer, continuamente oferece a graça ao filho que ainda não decidiu, ou não conseguiu acolhê-lo. Também não precisamos pensar que Deus não ficaria perdendo tempo com alguém que não quer sua presença. Ou que ele vem e dá a tacada certeira no momento certo. Esse tipo de compreensão não ajuda muito a compreender o Deus Amor. Ele sofre os nossos distanciamentos, os nossos fechamentos e nossas demoras, mas jamais se retira com sua oferta de amor.

Deus ama e castiga?

Eu estava no aeroporto de São Paulo. Tomei um táxi e comecei a conversar com o taxista. Ao saber que eu era um sacerdote, começou a me falar sobre sua vida e experiência religiosa. Disse que estava feliz por estar conhecendo a Igreja e a Palavra de Deus, motivado por um amigo. De repente me olhou e disse: "Sabe, padre, a gente precisa fazer as coisas benfeitas porque Deus nos ama, mas também castiga". Olhei para ele e questionei se estava percebendo o que significava essa afirmação. Ele pensou e disse: "Verdade, padre, Deus não castiga. Somos nós que nos castigamos". Só de perceber o que havia dito, junto com meu olhar surpreso de questionamento, já se deu conta de que não era verdadeira a afirmação que dissera. Afirmou que Deus castiga mais pela força do hábito e da cultura do que por convicção. Possivelmente, você, leitor, ouviu muito a afirmação de que Deus castiga. Dizíamos até como refrão aplicado para muitas situações da vida: "Deus não mata, mas tira lasca", "Deus não mata, mas castiga". Afinal, precisávamos justificar ou explicar as consequências dos nossos pecados e a existência do mal.

Atualmente, percebemos que a vida é construção nossa, que tudo o que fazemos tem consequências negativas ou positivas, a curto ou longo prazo. A vida é resultado daquilo que fazemos e buscamos. As boas ações tendem a criar caminhos favoráveis ao bem e ao crescimento, e ações negativas ou sem transparência tendem a envolver o ser humano em situações mais nebulosas, com consequências desagradáveis àqueles que as praticam ou ao seu entorno. As ações produzem, portanto, consequências boas ou ruins, a curto, médio ou longo prazo. Aquilo que fazemos agora possui uma dimensão que transcende o factual. Muitas ações se prolongam além do momento.

> *A vida é construção nossa. Tudo que fazemos tem consequências negativas ou positivas, a curto ou longo prazo.*

Essa dimensão de continuidade e de construção daquilo que fazemos é que precisa ser observada. Levar isso a sério é assumir a vida com responsabilidade. O refrão de que Deus castiga poderá ter criado em alguém uma busca de vida correta, de não pecado e de temor a Deus. Fora dessa possibilidade, esse refrão não traz nenhuma vantagem. Por isso, recorrer a esse refrão na intenção de fazer as pessoas viverem de acordo com o bem não é nada recomendável. As prováveis consequências do afastamento de Deus e da formação de uma imagem distorcida dele já requerem a eliminação completa desse refrão. Não vale a pena convocar as pessoas à moralidade e à ética pela via negativa. É preciso valorizar o ato bom em si.

Não é dizendo que Deus castiga que valorizamos a bondade em si mesma, pois assim só se busca ser bom para não ter a consequência do castigo. Isso não é interessante. O bom deve ser bom pelo simples fato de que ele produz bondade e felicidade. A atitude boa deve ser tal que ela mesma expresse a essência da vida. Permanecer ligado à essência é abrir possibilidade para a realização plena.

É sensato ter medo de Deus?

Muitas pessoas receberam o anúncio de Deus não com a imagem de um Deus que liberta e ama, mas como um Deus que amedronta. É só voltar um pouco na história para encontrar resquícios do anúncio de que "Deus vai castigá-lo se você não fizer isso ou aquilo direito". Na educação de muitas crianças existiu esse refrão. Eu posso dizer que não esteve muito presente na minha formação, mas que, ao pensar em Adão e Eva, encontrava a causa de tantos males no mundo, e ainda imaginava que, se eles não tivessem desobedecido, estaríamos todos vivendo num jardim de paz. Nesta imagem também estava presente o castigo de Deus imposto a toda a humanidade, devido ao primeiro pecado. A imagem aterrorizante do inferno acompanhou a catequese de muitas pessoas e deixou marcas ainda hoje em mentes e corações.

Naturalmente o estudo da Sagrada Escritura nos traz uma nova imagem de Deus. O Deus da Bíblia é um Deus preocupado com o órfão, a viúva e o estrangeiro. Ele é apaixonado pela humanidade. Ele é Pai e Mãe, ocupado somente em amar, com amor infinito e perdão incondicional. É um Deus que, segundo Oseias, não sabe castigar e, conforme

Isaías, não esquece nenhum de seus filhos, muito embora algumas mães possam esquecer. Este Deus se mostrou plenamente em Jesus de Nazaré. Nele Deus se mostrou como amor infinito, como pura salvação. Disso surge a pergunta: pode um Deus puro amor também castigar? A própria pergunta tende a ferir a sensibilidade e se torna um tanto absurda. O amor não pode ferir, castigar, fazer mal, matar. É contraditório dizer que Deus é amor puro e que castiga ao mesmo tempo. A revelação de Deus como amor, plenamente realizada em Jesus, impossibilita a afirmação de que Deus pode castigar. Ele pode tudo no amor, e não fora dele. Seria a essência negando a si mesma. Dizer que é ele puro amor e que castiga, ao mesmo tempo, só é possível no discurso, mas na realidade é um absurdo. O discurso precisa ser levado às últimas consequências, numa linguagem coerente. Ao dizer que Deus é amor infinito, afirmo o que há de mais profundo, completo e intenso na revelação de Deus. Mas preciso também extrair dessa verdade suas consequências, sem entrar logo em contradição. Não há outra palavra que diz mais sobre Deus do que o amor. Por isso, Deus é amor (1Jo 4) torna-se a revelação fundamental. Toda interpretação que ajude a compreender um pouco melhor – ou um pouco menos pior – o mistério de Deus como uma presença única e exclusivamente amorosa e salvadora se torna, por isso mesma, verdadeira. Toda outra interpretação é falsa ou desfocada.

> *A revelação de Deus como amor, plenamente realizada em Jesus, impossibilita a afirmação de que Deus pode castigar.*

Um discurso menos preocupado com coerência lógica poderia, a partir de uma visão mais superficial, dizer que o amor às vezes fere e até mata. Ciúme, castigo que pai e mãe dão aos filhos para educá-los, o amor que exige a duras penas a disciplina que faz crescer etc. – todo esse pensamento consiste em avaliar o amor humano e suas contradições e aplicá-lo a Deus. Essa forma de pensar é chamada de antropomorfismo, isto é, atribuir características e aspectos humanos a Deus. Exemplificando, o ser humano pensa em como ele age com as pessoas que ama – e o amor humano sempre apresenta contradições – e atribui a Deus o mesmo proceder. O pai e a mãe educam seus filhos assim, por isso, Deus faz o mesmo. Esse não é um pensamento teologicamente verdadeiro. Diante disso, há uma necessidade muito grande de anunciar o Deus Amor, tirando as consequências dessa verdade sem contradições.

O medo envenena
e afasta de Deus

O medo é uma força negativa, por isso, diabólica. Ele nos afasta de Deus. Nem sempre ligamos o medo às questões do ego, mas muitas atitudes arrogantes têm origem nele. A capacidade de temer é um presente de Deus. Quando aplicada de forma correta, pode nos fazer tomar algumas precauções. Está mais relacionada com o cuidado com aquilo que fazemos e as possíveis consequências negativas do que diretamente com o medo que paralisa. Ligada à precaução, o temer pode nos ajudar. Mas o medo, ao contrário, tem muitos aspectos negativos e é capaz de envenenar e até destruir relacionamentos humanos.

No mito das origens, Adão e Eva, depois de terem comido o fruto proibido, se escondem por medo. De certa forma, fazemos sempre o mesmo quando tememos que as nossas fraquezas, falhas e erros sejam descobertos pelos outros. No entanto, sabemos que o Deus que vê tudo mesmo assim nos ama incondicionalmente, independentemente daquilo que fazemos. Ele não coloca condições ao seu amor.

Na Bíblia, um dos princípios da sabedoria é o temor a Javé. Ele é o refúgio para os seus filhos e no temor a Javé temos poderosa segurança. Aqui o temor a Deus aparece como algo saudável. Esse temor se expressa na capacidade de guardarmos os seus mandamentos, vivermos sua Palavra, reverenciarmos sua presença e nele vivermos. De forma alguma se refere ao medo daquele que recebeu um só talento e o enterrou. Enterrou, exatamente, por medo. E por seu medo foi cobrado e dali recebeu a sentença. Esse é o medo diabólico que apequena o ser humano e não o ajuda a se desenvolver.

O temor saudável é a reverência a Deus, que nos coloca como humildes ouvintes da Palavra. É a escuta atenta, distante das arrogâncias que nos distanciam da verdade. Nessa atitude guardamos os seus mandamentos e desejamos segui-los. Nisso está o homem todo, inteiro, porque está sintonizado com o amor e a essência da vida.

> *O temor saudável é a reverência a Deus, que nos coloca como humildes ouvintes da Palavra.*

Precisamos evitar todo o medo tóxico que nos envenena. Descobrir as causas desse medo e largar ideias perturbadoras e negativas. Perceber se somos dependentes de situações, de pessoas, de comportamentos, de vícios, de autoestima enganosa, que destroem e impedem que sejamos protagonistas de nossa história. O medo impede de construirmos a vida na liberdade. Ficamos sempre presos às realidades de onde sai o medo. O medo tóxico é quando sentimos que as nossas seguranças são ameaçadas. Por isso, o melhor é colocar-se humildemente diante da vida, sem pretensões de soberba, sem considerar-se o melhor, pois quando essas pretensões de grandeza são ameaçadas, então entra o medo. Sejamos nós mesmos humildes e abertos a Deus, que nos torna grandes no amor.

O que é central para a fé cristã?

Na atualidade tudo é muito dinâmico. Vivemos numa época de mudanças contínuas. Também em relação à religião, a tendência é fragmentar. O que era claro, às vezes, se dilui e nem sempre conseguimos respostas às perguntas. Se alguém nos perguntar o que significa ser cristão ou qual é o núcleo da fé crista, certamente, teremos várias respostas. Muitos praticantes da religião terão dificuldades de chegar ao núcleo da resposta e muitos ficarão somente nos entornos do núcleo.

A confissão de Jesus Cristo como Senhor da história e do sentido é uma resposta possível. Mas ela tem suas implicações. Olhar para Jesus de Nazaré, seguir seus passos, significa dar-se conta de que Deus é amor e dele só recebemos amor e salvação. Porque ele é amor, quer suscitar em nós esse mesmo amor. Ainda, Jesus de Nazaré nos mostra Deus como Pai e Mãe. Isso, porém, somente tem sentido e é verdade quando vemos e tratamos os outros como irmãos. A prática não pode contradizer a confissão, embora conscientes dos limites sempre presentes em nós. Além disso, se Deus é Pai e Mãe, ele o é de todos os seres humanos. Sendo de todos, quem confessa essa verdade deve acolher os irmãos numa abertura cordial, num diálogo fraterno e num respeito profundo à diversidade e ao pluralismo existentes hoje.

> *O seguimento de Jesus como o Salvador, que revela ao mundo um Deus Amor, somente preocupado em salvar, nos torna irmãos e irmãs, numa fraternidade universal.*

O seguimento de Jesus como o Salvador, que revela ao mundo um Deus Amor, somente preocupado em salvar, nos torna irmãos e irmãs, numa fraternidade universal. O Papa Francisco, no dia de sua eleição, declarou essas palavras. Desejou que se formasse uma fraternidade universal. Aquilo que Jesus mostrou sobre Deus se tornou insuperável. Encarnou em sua vida uma visão de Deus e sua relação com o próximo de tal forma que se apresenta como a mais completa da história. Para clarear bem, podemos perguntar: poderia alguém oferecer uma imagem mais amorosa de Deus ou mais perfeita? Poderá alguém mostrar mais amor ao próximo, aos pobres, excluídos, aos últimos, do que mostrou Jesus? Em Jesus Cristo, Deus se mostra de forma insuperável. Não precisamos de alguém que venha de novo e nos revele algo sobre o amor mais profundo e perfeito do que mostrou Jesus. Aqui está o específico do Cristianismo, seu núcleo fundamental.

Embora possamos dizer que em todas as religiões há lampejos, sinais da única verdade, em Jesus essa verdade se manifesta de modo insuperável.

Quando vamos encontrando esses fundamentos sólidos, precisamos construir o edifício a partir dele. Tudo o que se fala na teologia e em relação à religião não pode contradizer esse fundamento. Por exemplo, poderia, depois disso, dizer que Buda é igual a Jesus? Que ele tem o mesmo "peso"? Se Jesus foi insuperável no amor e encarnou em sua vida o amor da forma mais completa, temos que dizer que Buda é diferente. Ele tem valor, mas não supera Jesus. Deus se mostrou de forma insuperável em Jesus. Embora Buda possa revelar alguns traços de Deus, não o faz de forma plena como Jesus.

Carecemos muito de um discurso coerente quando falamos de Deus, fazemos teologia, falamos de religião. A coerência elimina muitas barbaridades. Parece que, porque Deus é mistério, podemos falar qualquer coisa sobre ele, mesmo que estejamos mergulhados em contradições.

Jesus que salva ou que ensina?

Tenho pregado muito sobre esse tema. Percebo uma diferença fundamental entre salvar e ensinar. Recebemos uma imagem de Jesus, desde o início, carregada do elemento divino, que é real, e mediante a qual encontramos nele algo misterioso e poderoso. Desde o nascimento até a cruz, tudo está carregado de mistério. Jesus é anunciado mais a partir da ressurreição. Isso faz com que acolhamos dele mais o que é divino e menos o que é humano. De certa forma, o humano em Jesus fica quase aniquilado na nossa mente. Embora saibamos que ele nasceu, se encarnou, foi crucificado, o vemos a partir da ressurreição. Desde o nascimento até a glória, tudo fica envolto pela divindade. Ou seja, ele é o Cristo, o Senhor, Ressuscitado, que está junto de Deus. Ele é Deus, costumamos afirmar. Temos dificuldade em afirmar com a mesma intensidade que Jesus é homem. Quando dizemos isso, parece que na mesma fala temos que dizer que ele é homem e Deus ao mesmo tempo. Se dissermos que Jesus é homem, parece que estamos negando sua divindade. Observar isso é interessante. Eu creio que temos que afirmar também com a mesma intensidade que ele é homem, ser humano, Filho de Deus, igual a nós. E como diz a teologia, exceto no pecado. Olhar Jesus só pelo ponto de vista de sua divindade retira muito a perspectiva do ensino que ele tem. E Jesus é Mestre e Salvador, e não só Salvador.

Se virmos Jesus como mestre, nos interessaremos em saber o que um mestre faz. O mestre ensina com sua palavra, com sua presença e atitude. Ele faz o discípulo andar a partir de sua palavra. A palavra abre a mente e o coração, orienta, anima e reanima, desbloqueia, abre possibilidades novas. Precisamos recuperar em Jesus a dimensão de Mestre. Ele quer fazer discípulos. Ele quer nos ensinar. "Levanta, pega a tua cama e anda." Essa me parece ser uma passagem em que Jesus quer fazer com que o prostrado perceba a força que há dentro de si. Ele não precisa ser carregado por outro. Deve levantar-se e ele mesmo carregar sua cama, sua vida. Ninguém carrega a vida por outro. A presença de Jesus mobiliza minhas forças interiores para fazer com que eu perceba que devo andar por mim mesmo. O Mestre ensina isso. Ele desperta a força que há no interior de cada um. Um pai e uma mãe são chamados a fazer isso. Eles devem ensinar seus filhos. Não devem carregá-los sempre e continuamente. É possível em algum momento fazer isso, mas não sempre. Eles devem despertar a força de construção e de criatividade que há no coração e na mente dos filhos. Agora, se eles decidirem salvar seus filhos o tempo todo, carregá-los quando não é preciso nem devem, blindá-los contra qualquer dificuldade, possivelmente seus filhos não vão vencer. Vão ser sempre dependentes.

> Se nos encantarmos mais pela maestria de Jesus do que pela sua força de fazer milagres, muita coisa mudará em nossa vida e na Igreja.

Nisso percebemos a diferença entre ensinar e salvar. Jesus é Salvador, sabemos. Mas antes ele é Mestre. Por isso, antes de pedir ajuda deveríamos querer aprender com ele. Estar dispostos a olhar para ele e ouvi-lo. Aproximar-se da Palavra. Querer entender o que quer dizer. Destruir em nós crenças mágicas e ilusórias criadas a partir de compreensões pouco bíblicas de Jesus. Jesus deve nos encantar, antes de tudo, pela Palavra e jeito novo que tem.

Se nos encantarmos mais pela maestria de Jesus do que pela força de fazer milagres, muita coisa mudará em nossa vida e na Igreja. Observaremos sempre o que podemos aprender dele para lidar com nossas cegueiras, nossos medos, nossas angústias, traumas e doenças. Aí Jesus será o Mestre da vida. Jesus humano que fez parte da história e aprendeu como nós. Depois transmitiu a verdade de forma brilhante a todos. Os discípulos se encantaram por esse Jesus, o Mestre. Eles não sabiam nem compreenderam, antes da morte, que este também seria o Salvador da humanidade. Depois o anunciaram não porque o descobriram Salvador, mas porque o Mestre também se tornou, pela ressurreição, o Salvador.

Jesus, o amor e a cruz

Ao pensarmos em Jesus, precisamos repensar a questão do sofrimento. O discurso tradicional sobre Jesus nos faz pensar que devemos sofrer para nos salvar. Essa ideia está fundamentada na própria tradição e pregação da Igreja, que sustenta que "Cristo morreu pelos nossos pecados". Você que crê deve considerar essa afirmação tranquila e verdadeira, afinal, já a ouviu inúmeras vezes. Na Bíblia encontramos isso de forma ainda mais contundente: "Sem derramamento de sangue não há perdão" (Hb 9,22). O apóstolo Paulo afirma: "Deus não perdoou nem seu próprio Filho, mas o entregou (à morte) por nossos pecados" (Rm 8,32).

Você pode me perguntar: "Afinal, padre, o que isso quer dizer?". Quero lhe dizer que as afirmações acima podem produzir em nós e na humanidade um efeito muito perigoso. Qual seja? Compreendermos que o sofrimento é sempre necessário para solucionar o pecado. Sabemos que o pecado é o que nos separa de Deus, e a libertação do pecado, o que nos aproxima de Deus. Se a solução do pecado é o sofrimento, a dedução comum, que acontece em nossa cabeça de crentes, é que precisamos passar pelo sofrimento para estarmos perto de Deus. Essa dedução é um assombro.

Reproduz a ideia de que Deus rima com dor, com padecimento, derramamento de sangue; expressões essas que traduzem de forma clara a realidade repugnante da violência. Jesus foi radicalmente contra a violência. No entanto, na história das religiões e do próprio Cristianismo, essa ideia se traduziu em guerras e violências em nome de Deus. Afinal, valeria à pessoa sofrer violência e até ser morta para ser salva, uma vez que, não "convertida" à fé, não seria salva e esse seria o pior destino. Assim, valeria o argumento da violência imposta ao "não crente", ao diferente, para "salvar a sua alma". Em nome de Deus tudo se legitimaria.

> *Prossigamos na busca e contemplemos a vida e o rosto de Jesus, que são a transparência do Deus Amor.*

Veja que o Papa João Paulo II pediu perdão pelas barbaridades cometidas na história da Igreja por essa postura violenta e, dá para dizer, antievangélica. Se o Evangelho significa boa notícia, isso nunca mais poderá acontecer. Mas aqui surge uma pergunta: estaríamos nós, hoje, distantes desse pensamento? Já evoluímos o bastante? Não. Ainda prosseguimos com essa compreensão. Quando supervalorizamos a dor de Jesus, o sangue, as mãos ensanguentadas, a cruz, os açoites, a violência sofrida; quando não aceitamos crenças diferentes, posturas diferentes; quando valorizamos mais a doutrina sobre Deus do que o amor; quando somos intolerantes e autoritários em nossa fé, então, ainda estamos enraizados e presos nessa velha compreensão. Jesus nos salvou porque nos amou e não porque sofreu. O sofrimento de Jesus foi imposto pelo mal. Não foi o "sofrimento em si" que nos salvou, nem foi a cruz que nos salvou, mas sim o amor que transpareceu na cruz. Caro leitor, essa compreensão muda muita coisa e muitas posturas. Prossigamos na busca e contemplemos a vida e o rosto de Jesus, que são a transparência do Deus Amor.

O amor nos faz viver

O amor é uma força que nos mantém vivos. Quem, dentro de si, se sente amado e se ama, deseja viver. Quem, mesmo inconscientemente, não se sente amado, prefere morrer. Quanto mais uma pessoa se sente amada, mais deseja viver e mais consegue prolongar sua vida diante de uma possível doença. O amor também é a maior força de cura. Quando alguém estiver doente, coloque pessoas amorosas ao seu redor. Elas dão ao doente força de vida e de cura. O desprezo e a rejeição diminuem o desejo de viver e o prolongamento da vida.

Quando abrimos uma garrafa de água, dela sai água, e quando abrimos uma garrafa de vinho, sai vinho. De Deus só sai amor, porque ele é puro amor. Na Bíblia lemos, na carta de João, que Deus é amor. Ele é a fonte do amor e da vida. E somos criaturas de Deus. Ele nos criou por amor; por isso, temos essa marca do amor em nós. Sempre entenderemos a linguagem do amor, porque carregamos essa marca em nós.

Quando chegamos a este mundo, entramos numa família. Dali recebemos amor. No pai, na mãe, nos irmãos, no avô e na avó, percebemos que éramos bem--vindos. No amor que recebemos estava a mensagem de que éramos esperados, queridos, desejados e amados. Mesmo em situações em que pode ter existido alguma rejeição, houve um amor que sustentou a nossa base de criação, que foi o amor de Deus. Se alguém da família falhou no amor, o Deus Amor que nunca falha nos amou e nos cuidou desde a fecundação.

> *Sempre entenderemos a linguagem do amor, porque carregamos essa marca em nós.*

Desde o momento em que fomos concebidos, já somos uma pessoa completa. Embora precisemos nos desenvolver fisicamente, perceber se somos queridos ou não, trazemos conosco a marca do amor de Deus. É claro que é fundamental o amor humano. Somos marcados pelos traços de amor que recebemos de nossa família. Se formos acolhidos, desenvolveremos nossa personalidade a partir dessa acolhida, e, se formos desprezados, poderemos carregar conosco as marcas da rejeição por muito tempo. Desenvolvemo-nos a partir da terra boa ou não em que fomos plantados. Ali estão nossas raízes.

Se nossas raízes foram de rejeição, será muito importante perdoarmos essas situações, percebendo que por trás das pessoas que nos rejeitaram havia pessoas rejeitadas. Se nosso pai ou mãe não nos desejaram, é porque o coração deles também havia sido ferido. Só o amor de Deus consegue suprir o amor que faltou na minha concepção e consegue suprir em mim, agora, o amor que eu preciso para perdoar quem me rejeitou lá no início. O amor é o que faz a diferença. Ele é a força que nos faz viver e também a força curativa das rejeições que sofremos.

O que me ajuda a ser família?

Todos nós, de algum modo, temos uma base de família, de ambiente afetivo no qual fomos acolhidos, cuidados e amados. Atualmente, a família sofre as tensões e enfrenta as turbulências do mundo, da cultura e do modo de ser das pessoas. O meu jeito de ser e de viver repercute na minha família. E a minha família repercute no meu jeito de ser. É uma pista de duas vias. O ambiente da família me ajuda a ser quem sou e aquilo que sou vai construindo a minha família. Uma pessoa que está bem consigo mesma consegue viver e conviver muito melhor. E quem não está se encontrando, quem não tem um coração sereno e equilibrado, poderá enfrentar mais dificuldades para ter uma família saudável. Por isso, eu acredito que, quando falamos em crise de família, necessariamente precisamos falar de crise do ser humano.

O ser humano está em crise. Nossa humanidade, nossa capacidade de conviver, de lidar com conflitos, de ter atitudes de acolhida e de paciência, de diálogo, de respeito e compromisso, estão abaladas. Parece que não somos especialistas no autoconhecimento. Queremos uma família, mas estamos atrapalhados no modo de agir e de ser. Por isso, família sempre é aprendizagem. Mas onde aprender? Quem nos ensina?

A vida, as quedas, aquilo que acontece naturalmente, serão suficientes? Alguns podem dizer que a vida é a melhor escola. Em parte sim. Aprendemos muito com nossas escolhas, que sempre são de acertos e erros. Ocorre que aprender só com a vida pode trazer mais sofrimento. Muitas coisas poderiam ser evitadas pela aprendizagem que vem através da busca e do conhecimento.

> *O relacionamento saudável, que é uma das coisas mais importantes da vida, precisa ser aprendido diariamente.*

Por isso, poderíamos perguntar: quantos casais leram um, dois ou três livros sobre relacionamento saudável na família? Quantos leem e se informam a respeito de como educar os filhos nos tempos atuais? Quem busca uma palestra, um retiro, um encontro, celebração ou orientação, que possa abrir a mente e dar mais clareza à tarefa de construir uma família saudável? Quem busca autoconhecer-se e perceber seus pontos fracos e fortes? Quais são as prioridades de nossas buscas? Como formamos o nosso ser, nossa humanidade e nossa capacidade de nos relacionarmos?

Certo dia uma mãe veio conversar comigo sobre as dificuldades que tinha no relacionamento com o filho. Depois da conversa, emprestei um livro do Içami Tiba, *Sobre a relação entre pais e filhos*. Algumas semanas depois, ela voltou e me disse: "Padre, todos deveriam ter a oportunidade de ler este livro". Claro, isso não acontece. Mas, com isso, ela estava dizendo que um livro, uma palestra, um retiro podem dar nova direção à vida em família. Isso é colocar-se a caminho, estar aberto à aprendizagem, e não pensar que a comodidade do sofá, da televisão e dos programas de entretenimento ou das redes sociais podem ajudar muito a resolver problemas de relacionamento. O relacionamento saudável, que é uma das coisas mais importantes da vida, precisa ser aprendido diariamente.

O que é mais importante na vida?

Cada pessoa precisa encontrar razões para dizer a si mesma que a vida vale a pena. As motivações que nos fazem viver são inúmeras e as mais diversas. Não há um único jeito de ser feliz, nem há um único jeito de fazer o que é certo. Ocorre que uma atenção ao que é a vida nos possibilita ter uma ideia comum sobre o que a faz ser boa. Se há inúmeras possibilidades e os mais distintos jeitos de viver, deverá haver também uma base comum. Ou seja, deverá existir algo importante para todos, que todos podem experimentar. Essa base nos diz o que não pode nos faltar na vida.

Recebi alguns dias atrás uma pesquisa realizada na Universidade de Harvard, em Boston, nos Estados Unidos, em que 724 pessoas foram estudadas ao longo de suas vidas por 75 anos, com rigor científico necessário e com várias equipes de professores e especialistas, que foram sendo sucedidos por outros devido ao largo tempo do estudo. Hoje, 60 dessas pessoas ainda vivem, e têm mais de 90 anos. A cada dois anos esse grupo de pessoas era entrevistado, visitado e questionado sobre as mais diferentes situações da vida: família, trabalhos, filhos, conquistas e derrotas, sonhos, doenças e perdas, dores e angústias, alegrias e desafios. O que se queria saber é o que importa mesmo na vida.

> *A vida e o seu sentido passam pelas pessoas e pelo relacionamento que estabeleço com elas.*

Essa rica pesquisa chegou à seguinte conclusão: "A vida é boa e tem sentido quando cultivamos relacionamentos saudáveis". Esse foi o resultado. Ou seja, o estudo não conclui que a vida vale a pena pelas riquezas que temos, pelo sucesso nos empreendimentos, pela fama, pelo reconhecimento dos outros, pelo progresso financeiro, pelos acessos à tecnologia, pelas grandes ideias ou conquistas. São os relacionamentos que fazem a vida ser boa. Relacionamentos saudáveis, feitos com maturidade, amor, gratuidade, respeito e partilha. Quem cultivou bons relacionamentos, chegou à velhice mais feliz, realizado e agradecido. O estudo também mostrou que nas pessoas em que faltaram esses relacionamentos, qualquer problema de saúde as deixava mais queixosas, tristes e desmotivadas. Já aquelas que experimentaram relacionamentos saudáveis, diante dos problemas demonstraram mais equilíbrio e conservavam a alegria e o gosto pela vida.

A conclusão desse estudo nos coloca diante do fundamental: cada pessoa precisa responder para si o que tem buscado na vida. Estamos num tempo de inúmeras possibilidades. Ocorre que é necessário o discernimento permanente sobre o que devo fazer e perceber o que mais valorizo. Muitos se perdem em grandes projetos e se esquecem das pessoas, do abraço, da amizade, da partilha de histórias de vida, dos momentos de gratuidade, em que temos pessoas, rostos, emoções, angústias e alegrias. A vida e o seu sentido passam pelas pessoas e pelo relacionamento que estabeleço com elas.

Desejo que você descubra a alegria nas pequenas coisas e nos relacionamentos que estabelece diariamente.

Conclusão

Espero que estas reflexões tenham trazido mais paz ao seu coração. Temos uma tarefa e o mais importante é estar em movimento. Deixar a vida fluir. Não ficar aprisionado no cárcere de nossas ideias negativas, de nossas ansiedades e de nossa incapacidade de largar o que nos prejudica e impede a alegria. Em algum momento você pode ter a sensação de que não consegue mais conviver consigo mesmo. Essa hora de crise pode ser o momento de sua libertação. Muitas vezes precisamos chegar ao colapso para emergir novos, com outro pensamento, com fé mais viva e com a decisão renovada de assumir a tarefa de ser nós mesmos, protagonistas da história e felizes.

A paz e a alegria que o coração anseia, normalmente, encontramos nas pequenas coisas, nas experiências intensas e gratuitas com a vida e com quem amamos. Essa consciência desperta, não raro, de experiências fortes de sofrimento e de vazio. Muitas vezes precisamos morrer para o nosso "eu" ilusório a fim de descobrirmos o verdadeiro "eu". Isso sempre será uma tarefa, uma meta, que muitas vezes nem acontece durante a vida. São tantos que passam pela vida na ilusão, vivendo com mediocridade. Não avançam. Não são criativos nem audaciosos consigo mesmos e com a vida. Vivem no estágio do "mesmo", sem descobertas e sem novidades. Aí também não encontram a verdadeira e profunda paz, que é a sensação de que tudo, absolutamente tudo, está carregado de sentido. No estágio do "mesmo" e do "eu falso" experimentamos o medo e a infelicidade. A mente negativa e as emoções encarceradas nos mantêm nessa atmosfera. Então, um barulho atinge nossa interioridade.

Certamente, as reflexões que você leu aqui não respondem a muitas das suas perguntas. Nossa humilde intenção foi impulsionar mais o seu movimento de busca. Sei que está disposto a isso. Quero dizer que é importante continuar a se fazer perguntas para encontrar alguma resposta que satisfaça o seu coração. Na tentativa de termos respostas acerca da felicidade, também vale suportar o fato de não ter respostas para algumas questões. Nessa hora, abra sua interioridade e deposite no coração de Deus as questões para as quais não encontra respostas.

Desejo que você compartilhe essas ideias com as pessoas que encontra. Indique também esta leitura. Nossa felicidade se constrói através da partilha daquilo que encontramos e daquilo que somos, dos relacionamentos positivos e do sentido que percebermos em cada instante, nas mais diversas situações. O Deus que o ama com toda intensidade está sustentando você nesse caminho. O anjo da clareza o acompanha e cuida para que alcance o propósito de viver uma vida feliz e contagiante, transformadora e inspiradora para todos aqueles com quem se encontrar.

Rua Dona Inácia Uchoa, 62
04110-020 – São Paulo – SP (Brasil)
Tel.: (11) 2125-3500
http://www.paulinas.com.br – editora@paulinas.com.br
Telemarketing e SAC: 0800-7010081